평생 교육사의 역량개발을 위한

스피치 교육방법론

전 용 복 저

조 은

발 간 사

스피치란 쉽게 말하자면 말하기와 말하기 능력을 종합적으로 지칭하는 용어라 할 수 있다. 한 명의 사람이 다수의 청자를 대상으로 주어진 시간과 장소에서 자신이 의도하는 바를 기술적이고 논리적으로 전달하는 과정이다. 스피치의 화자는 한 명이지만 많은 경우이 말하기를 통해서 듣는 이를 이해시키고 설득시키는 과정을 거치기 때문에 이 또한 하나의 의사소통 과정이라고 볼 수도 있다.

스피치 능력은 평생교육사가 갖추어야 할 덕목 중 하나이다. 높은 위치에 자리한 리더는 의도적으로 자신이 원하는 방향으로의 변화를 이끌기 위한 스피치를 해야 하기 때문이다. 아무리 완벽하고 좋은 계획이 있다고 하더라도 그 내용에 대해서 자신이 이해한 만큼 듣는 이들을 설득할 수 없다면 이는 성공할 수 없는 계획이다.

사람들 간에 대화가 되지 않으면 결국은 서로 간에 오해와 불신으로 인하여 감정의 골이 깊어지게 된다. 따라서 인간 행위의 가장 중요한 외적 특징은 표현과 의사소통이다. 표현은 개인적인 행위라 부를 수 있는 것이고 의사소통은 사회적 행위라 부를 수 있는 것이다.

사람들은 자기의 생각과 느낌을 표현하는 여러 가지 방법(자연적인 것과 인위적인 것을 막론하고)을 가지고 있다. 희노애락을 통해 자신의 의사표현을 하기도 한다.

즉 사람들은 웃거나 흥얼거림으로써 기쁨을 표현하고 울거나 신음함으로써 슬픔을 표현하는 등의 자연적인 모습으로 감정을 표현하는 방법을 가지고 있다.

우리들은 세상을 살아가면서 스피치를 해야 할 때가 많은 세상에 살고 있다. 하지만 스피치를 잘 해야겠다는 맘은 모든 사람들의 다 똑 같을 것이라 생각되지만 사람들은 스피치를 잘 하기 위해서 얼마나 시간을 투자하며 연습을 할까? 연습은 어떻게 할까? 고민되는 사람들을 위한 지침서가 "전용복 교수의 스피치교육방법론"이다.

스피치를 잘 하려면 방법을 알아야 한다는 사실이다. 무조건 읽고 소리를 내는 것이 아니라 방법을 통한 연습이 훌륭한 스피커가 될 수 있다는 사실이다.

교육현장에서 스피치교육방법론으로 수 많은 사람들에게 스피치에 대한 자신감을 갖게 해주고 교육현장에서 평생교육사로서 NCS강사로 활동하는 사람들이 추천하는 책이기도 하다.

모든 사람들은 이 책을 보면 다 스피치를 잘 할 것이라 생각하는데 그것은 잘못된 생각이다. 스피치 방법을 제시한 데로 천천히 꾸준히 연습을 통해 자기 것으로 만들어야 한다는 사실이다. 시중에는 스피치에 관련된 책들이 많이 있지만 방법론을 제시하는 책은 그리 흔하지 않다.

첫째도 연습 둘째도 연습 셋째도 연습을 해야 한다. 이 책 통한 방법대로 연습을 했는데 잘 안된다고 하는 사람들이 있다면 저자와의 만남으로 고민을 해결해 주고자 한다.

교육, 스피치 현장에서 30년을 강의해오면서 어떻게 하면 스피치에 자신이 없는 사람들에 용기와 힘을 줄 수 있는 고민을 많이 해오면서 '스피치 교육론'에 이어 "전용복교수의 스피치교육방법론"을 통해 이 문제를 해결하고자 한다.

모쪼록 책 발간을 위해 아낌 없는 시간과 노력을 아끼지 않고 도와주신 한국비전평생교육원 최정숙 박사님과 존경하는 동료교수인 박현화 교수님, 김은순 교수, 그리고 사랑하는 제자 박사과정 양소연, 우은숙, 화법연구소와 백년멘토 대표이신 조대수님께 지면으로나마 고마움을 전합니다.

온석대학원대학교 교수 교육학박사 전용복

차 례

Chapter 4 강조법

Chapter 5 나는 할 수 있다

Chapter 6 연단공포 극복

Chapter 7 대화 방법론

Chapter 8 제스처의 사용 원칙

Chapter 9 자기 연출법

※ 자신의 스피치 능력 테스트

	YES	NO
① 말하려는 목적을 분명히 정하고 말하는가?	☐	☐
② 충분히 상대의 입장을 예측하고 말하는가?	☐	☐
③ 말하려는 줄거리를 체계적으로 구성할 수있는가?	☐	☐
④ 상대방이 알아들을 수있게 쉽게 말하는가?	☐	☐
⑤ 평소 상대에게 호감을 주는가?	☐	☐
⑥ 상대방의 반응을 보면서 말하는가?	☐	☐
⑦ 유머스럽게 이야기를 하는 편인가?	☐	☐
⑧ 상대방의 말을 끝까지 경청하는가?	☐	☐
⑨ 자기의 말에 상대방이 반응을 보이는 편인가?	☐	☐
⑩ 많은 사람 앞에 서 본 경험이 있는가?	☐	☐
⑪ 나의 목소리는 큰 편인가?	☐	☐
⑫ 나의 발음은 정확한가?	☐	☐
⑬ 남 앞에 서면 떨리는 편인가?	☐	☐
⑭ 남 앞에 서면 얼굴이 달아오르고 말을 더듬는가?	☐	☐
⑮ 남에게 무엇을 말할 것인가를 생각해 본적이 있는가?	☐	☐

Chapter 1

스 피 치

1

스피치하기 전 꼭 알아둬야 할 노하우

(스피치에 임하는 사람은 사전에 철저히 연구하고 준비해야 한다)

1. 과소평가 하지 말라.

스피치에 임하는 사람은 흔히 자신의 능력이 부족하다고 과소평가하는 경향이 많다.

미리 말 주변이 없다고 생각하거나 경험이 부족해서 스피치를 잘 할 수 없다고 지레 겁먹을 필요가 없다.

2. 불안감을 공개하라.

스피치의 불안감은 누구나 갖는 것이므로 불안감을 지나치게 의식할 필요가 없다. 오히려 불안감을 숨기려 하기 보다는 자신이 스피치를 중요하게 생각하고 있기 때문에 무척이나 긴장하고 있다는 사실을 솔직히 털어 놓은 것이 좋은 방법이 될 수 있다.

3. 스피치에 집중하라.

스피치를 시작하기 직전이 스피치에 대한 공포가 가장 정점에 이르는 순간이다.(1~3분)" 네가 잘 해 낼 수 있을까?"하는 걱정을 시작하면 준비한 원고를 잊지 않았는지 거듭 확인하게 되고 청중들의 표정을 보면 마치 화가 난 듯 느껴져 두려움이 생기게 된다.

이런 불안을 잊어버리는 방법은 준비와 연습을 하여 스피치 자체에 몰두하며 집중해야 한다는 사실이다. 다시 강조하고픈 말은 철저한 준비와 연습만이 스피치를 잘 할 수 있다.

4. 철저하게 준비하고 과감하게 훈련하라.

한 번 스피치를 잘 못 했다고 해서 인생이 끝나는 것은 아니다. 그것은 오히려 다음 스피치를 위한 귀한 경험이 된다.

그러나 준비 부족으로 인한 스피치의 실패는 타인으로부터 쉽게 용납 받을 수 없다. 스스로도 준비 부족으로 인한 실패에 대해서는 관대해지면 안 된다.

5. 청중과 친숙해져라.

아무리 스피치에 능숙한 사람도 많은 청중 앞에서는 상황적 불안에 빠지기 마련이다. 그 이유는 다른 사람의 시선을 의식하기 때문이고 미지에 대한 공포이다. 이런 상황에서 느끼는 불안은 청중과 가까워지는 것으로 극복할 수 있다.

6. 호흡이라는 진정제를 활용하라.

몸 안에 빠지고 긴장을 하게 되면 힘이 빠지면서 다리나 손이 떨리기 마련이다. 또한 얼굴이 붉어지고 호흡도 거칠어지면서 발음도 불안정해진다. 이럴 때에 복식호흡으로 신체적인 이상을 조절하게 되면 긴장도 풀리고 불안증도 진정된다.

복식 호흡은 숨을 깊이 들어 마셨다가 내쉬는 호흡이다.

7. 시각자료(PPT)를 활용하여 분산법을 써라.

시각 자료는 발표 불안증의 완화에 큰 도움이 된다. 시각 자료를 사용하게 되면 스피치 하는 사람은 청중을 정면으로 바라보지 않아도 된다. 청중의 시각이 자신에게 집중되고 있다고 의식할 때 발표 불안증이 가장 고소되기 쉽다.

시각자료의 사용은 청중의 시선을 자료로 돌릴 수 있으므로 시선에 대한 부담이 크게 완화 된다.

PPT를 만들 때 많은 글자 수보다는 그림이나 청중들이 궁금증을 유발할 수 있는 내용이라면 청중의 시선은 PPT 에 집중할 것이다.

8. 유머와 위트를 사용하라.

사람들은 지루하고 재미없는 강의나 스피치를 원하지 않는다. 강의나 스피치 주제에 맞는 유머와 위트를 개발 하는 것이 바람 직 하다고 생각한다. 강의나 스피치 내용에 벗어나서는 안 된다.즐겁고 재미 잇는 강의나 스피치를 사람들이 원한다는 것을 잘 알아야 하며 건강박수 제스추어 등을 사용하는 것도 좋은 방법일 수 있다.

2

스피치를 효과적으로 준비하는 방법

▶ 스피치란

사람들 앞에서 주어진 시간에 주제나 형식에 대해 발표하는 말이기 때문에 준비 없이 스피치를 한다는 것은 청중을 기만하는 행위라고 할 수 있다.

말할 주제에 대해서 곰곰이 생각하고 준비를 철저히 해야 성공적인 스피치를 할 수 있는 것이다. 그럼 효과적인 스피치를 위해서 어떻게 준비를 해야 할 것인가? 다음의 방법들은 오랜 세월동안 효과가 입증된 방법들이다.

1. 즉석에서 관심을 끌어라

1) 이야기를 사건 또는 실례로 시작하라
2) 서스펜스를 조성하라
3) 충격적인 사실을 말하라
4) 손을 들게 만들어라
5) 청중들이 원하는 바를 얻는 방법을 말해 주겠다고 약속하라
6) 전시물을 이용하라

2. 청중에게 불쾌감을 주지 말라

1) 변명으로 시작하지 말라
2) 익살스런 이야기로 시작하지 말라
3) 누구를 비방하지 마라

3. 중요한 생각을 보강하라

1) 통계 자료를 사용하라(최근 자료)
2) 전문가의 증언을 이용하라
3) 비슷한 예를 인용하라
4) 수치는 정확하지 않으면 "약"으로 표현한다.

4. 이야기를 사건 또는 실례로 시작하라

스피치 하기 전 첫말이 가장 어렵다. 무슨 말로 시작할까? 하는 것이다. 어떤 말부터 시작해야 할까?)
※ 이런 식으로 시작하면 어떨까요? 스피치 하는 곳과의 인연이라든지, 계절 아니면 오면서 생각난 일을 서두에 시작 말로…
"오늘 강의하는 이곳에서 저는 군 복무를 했던 곳이라 감회가 새롭습니다. 제가 개나리를 무척 좋아 하는데 와보니 개나리가 피어 있어 기분이 좋아서 강의가 잘 될 것 같습니다."
"2020년 5월경 어느 날 나는 아무도 없는 조그마한 시골길을 걷고 있었다…" 서두를 길게 끌 필요 없이 단도직입적으로 사건 속으로 뛰어 들어가는 것이다. 이런 방식의 서두는 거의 실패가 없다. 자신의 여유를 찾을 수 있고 청중들과 소통이 자연스러울 것이다. 스피치의 대상자에 따라 다를 수 있음을 명심해야 한다.

5. 마무리를 잘하라

"스피치에서 가장 중요한 한 가지는 청중의 관심을 끌 수 있는 서두를 준비하는 것이다." 어떻게 하면 최초의 한마디로 청중의 관심을 끌 수 있을까? 여기 잘 응용만 한다면 입을 떼기가 무섭게 당신의 말에 강렬한 관심을 끌게 할 수 있다. 그리고 마무리 또한 중요하다.
오늘의 스피치의 주제가 다시 한번 마무리에서 상기 시켜 주어야 하며 주어진 시간 5분 전에는 마무리가 되어야 한다. 아무리 훌륭한 강의일지라도 예외는 있을 수 는 있지만 시간을 지켜 주는 것이 강사의 도리며 청중들과의 약속인 것이다.

3

스피치(말하기)의 기본자세

1. 선 자세 : 스피치나 발표를 할 때는 선 자세는 모든 말하기의 기본이다.

(1) **다리** : 보통 어깨 반 너비로 벌린다.(11자형)
(2) **손** : 주먹을 가볍게 쥐어 바지 재봉 선에 일치시킨다.
(3) **가슴** : 가슴을 펴고 바른 자세로 선다.
(4) **고개** : 턱을 약간 당기고 정면을 바라본다.
(5) **눈** : 정면 하향 약 15도를 본다.

2. 앉은 자세 : 대화, 토론, 간단한 회의 등을 할 때에는 앉은 자세로 말하는 경우가 있다.

(1) 의자 깊숙이 앉아 허리를 편다.
(2) 무릎을 나란히 놓는다.
(3) 양손을 가볍게 잡아 무릎 위에 놓는다.
(4) 자세를 바로 하고 말하는 사람을 바로 본다.
(5) 앞에 책상이나 탁자가 있을 때는 손을 가볍게 올려놓아도 좋으나 몸을 기대어서는 안 된다.
(6) 발이나 무릎을 꼬아 앉는 것은 삼가는 것이 좋다.

4

연설의 형식

연설의 형식은 크게 3가지로 분류할 수 있다. 방법상 분류와 표현상의 분류, 목적상의 분류로 나눌 수 있다. 그 내용의 연설 형식을 보며 목적의식을 갖고 사전에 준비해서 잘 정리된 스피치를 진행해야 한다.

(1) **방법상의 분류** – 낭독, 즉석, 암송, 메모

(2) **표현상의 분류** – 웅변, 설교, 회화, 기타

(3) **목적상의 분류** – 강의, 설교, 강연, 식사

1. 방법상의 분류

(1) **낭독식** – 미리 작성된 원고를 보면서 읽는 형식(신년사, 취임사 등)

(2) **즉석식** – 원고를 미리 준비하지 않고 즉석에서 생각을 정리하며 발표하는 것

(3) **암송식** – 원고를 미리 작성하여 완전히 암기해서 발표하는 형식(웅변원고 등)

(4) **메모식** – 말하고자 하는 내용의 요점을 메모지에 적어 가지고 발표하는 형식

2. 표현상의 분류

(1) **웅변형** – 웅변은 내용을 가장 중요시 하는 것이므로, 표현할 때의 고저, 장단, 완급, 억양, 제스추어, 또는 감정의 표현이 잘 되어야 설득력이 있다. 웅변은 전문가의 지도 필요로 하며, 내용을 암기해서 여러 차례 연습했을 경우 모든 스피치의 기본은 원만히 할 수 있다.

(2) **설교형** – 설교형은 청중을 가르치는 듯한 형태로 과거 문맹시대에는 선각자들에 의해 계몽, 교화, 개화의 의미에서 볼 때 중요한 역할을 하였으나 오늘날 대부분 고등교육

을 받은 일반인에게 이러한 스피치는 부적합하다고 볼 수 있다.

(3) **회화형** – 회화형의 스피치와 테이블 좌담은 물론 다수 청중 앞에서 일방적인 말이라도 어조로 자연스럽게 말하는 것으로 누구나가 들어서 알기 쉽고 이해할 수 있는 쉬운 말, 구체적 사실을 들어 위트나 유머를 적당히 섞어 가면서 말하는 것이 가장 바람직하다.

(4) **기 타** – 상대의 감정에 호소하는 '구걸형', 죄인처럼 말하는 '피고형', '독선형' 등 목에 따라 사용할 수 있으나 일방적인 지시나 명령형이 되지 않도록 세심한 주의가 필요하다.

3. 목적상의 분류

(1) **강 의** – 대학교수나 교사가 학생에게 공부를 가르치는 것이 그 대표적인 예라고 할 수 있다.

(2) **설 교** – 주로 인간생활에 대한 정신적, 종교적 이야기를 사회적으로 신분이 높은 사람이 타일러서 가르치는 말을 의미한다.

(3) **강 연** – 강연 형식은 연설과 거의 같다고 볼 수 있다.

다만 어떤 문제 또는 연구 결과, 사상, 의견, 정책 등 전문지식을 가진 연사가 자기의 지식이나 기술을 청중에게 알리거나 이해시키는 것을 주목적으로 한다.

(4) **식 사** – 각종 모임에서 격식을 갖춘 스피치라고 생각하면 된다.

식사는 축사, 환송사, 이임사, 사은회, 격려사, 추도사, 각종 행사 시 기념사 등 크고 작은 모임에서 가장 많이 모아지는 스피치이다.

Chapter 2

발성 연습법

여러분이 가요를 부르든지 가곡을 부르든지 모든 가수의 소리는 몸이나 목에 힘이 들어가지 않는 순수한 발성법을 익힐 필요가 있습니다. 무리하게 소리를 내면 성대를 상하게 한다든지 노래를 몇 곡 부르지도 못하고 목이 쉬어 버립니다. 다시 한 번 강조하지만 스피치의 기본자세 및 호흡법이 몸에 완전히 숙지되어 있을 때에 비로소 자연스러운 발성법을 연습 할 수 있다.

1. 소리가 만들어지는 순서

(1) 복식호흡으로 흡입한 공기를 횡격막을 이용해 공기의 양을 조절하면서 서서히 밖으로 내보낸다.

(2) 폐에서 나오는 기류가 성대를 진동하면서 소리를 만들어 낸다.

(3) 공명 – 성대에서 만들어진 소리는 얼굴 안의 공간(광대뼈의 울림까지도 사용)에서 공명이 되며 증폭이 된다.

(4) 공명이 된 소리는 입안의 혀나 입의 움직임을 통해 자음을 형성하고 노래를 하게 된다.

2. 공 명

모든 관악기는 입으로 불어서 소리를 내는데, 악기 입으로 공기를 넣어 리드를 진동시켜서 만들어진 소리가 긴 관을 통하면서 공명이 되어 아름다운 소리를 만들어 내며 사람의 목소리도 마찬가지이며 호흡한 공기가 밖으로 빠져 나오면서 성대를 울리고 성대에서 만들어진 소리가 구강이나 비강 등 얼굴 안에 있는 각 공명 강에서 공명이 되어 아름다운 소리를 낼 수 있다.(머리의 각 공명강 : 구강, 비강, 접형 골동, 사골동, 상악동 등)

인위적으로 조절할 수 있는 공간은 구강뿐이며 구강의 공간의 형태를 어떻게 하느냐에 따라 소리의 질을 변화시킬 수 있고 그 소리를 아름답게 공명시키기 위해서는 많은 발성 연습과 훈련이 필요하다.

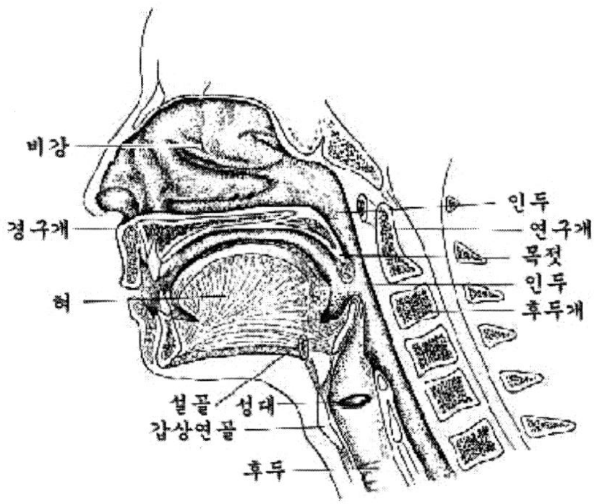

3. 모음 기초 발성법

("아" 발음으로 첫 연습을 합니다. 순서대로 해 보자)

(1) 소리를 낼 때는 목과 턱, 혀, 입술 등에 힘을 빼야 한다.

(2) 자세와 호흡법에 신경 쓰면서 입모양을 "이"로 시작하여 "아"로 소리를 내본다.

(3) 소리를 낼 때 소리를 던지듯이 내본다.

(4) 혀는 항상 펴진 채로 바닥에 고정되어 있어야 하며 혀끝을 아래 잇몸에 붙이고 힘을 뺀 상태로 유지한다.

(5) 입모양을 크게 하며 더불어 입안에 공간도 크게 만들고 힘을 주지 말고 하품할 때처럼 입안의 공간을 넓힌다.

※ 연습할 때 거울을 보면서 연습하면 많은 도움이 되기에 거울 앞에서 연습이 중요하다.

(6) 높은 음으로 올라 갈수록 목젖 쪽을 위쪽으로 더 끌어 올리는 연습을 하며 나오는 소리의 포인트를 두어야 한다. 예를 들어 인중 쪽으로 소리를 가늘게 쭉 뽑아낸다는 생각을 가지고 소리를 내며 높은 음일 수록 포인트를 더 높이 두자. (아래 그림 참조)

(7) 올라가지 않는 높은 음은 되도록 가성으로 소리를 내고 소리가 안 나는 음을 무리하게 내지 말고 반복적인 훈련으로 오랜 시간이 경과하게 되면 자연히 성역이 확장될 수 있습니다.

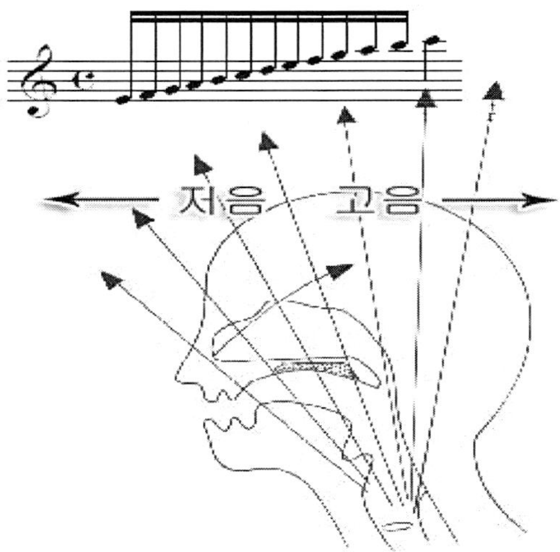

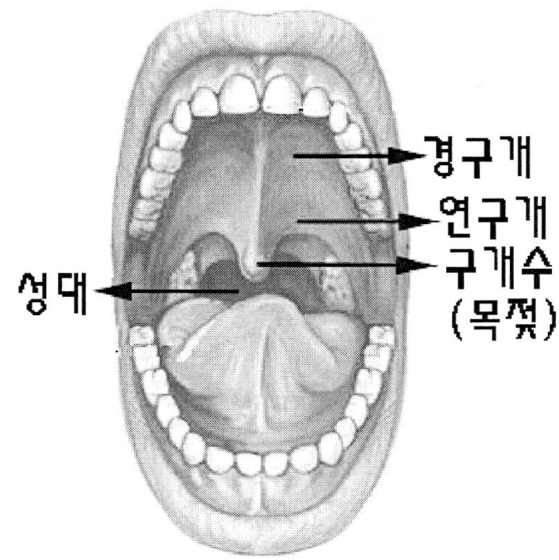

※ 음도 익히기 : 악기를 다루거나 음악을 배우려면 계명을 익혀야 하듯이 발표력에도 음의 높낮이를 10단계로 분류하여 음성의 고저를 분류하고 사람마다 목소리의 크기는 다르나, 자기가 낼 수 있는 가장 큰소리를 100음(100 음성)이라 하고 그 음을 기준으로 하여 크기를 나누는 것을 말한다.

4. 4단계 발성법

25의 음성 : 저음 (대화하는 소리) 아

50의 음성 : 중 간음 (보통 소리) 아

75의 음성 : 고음(외치는 소리) 아

100의 음성 : 최고음 (발악하는 소리) 아 ㅏ

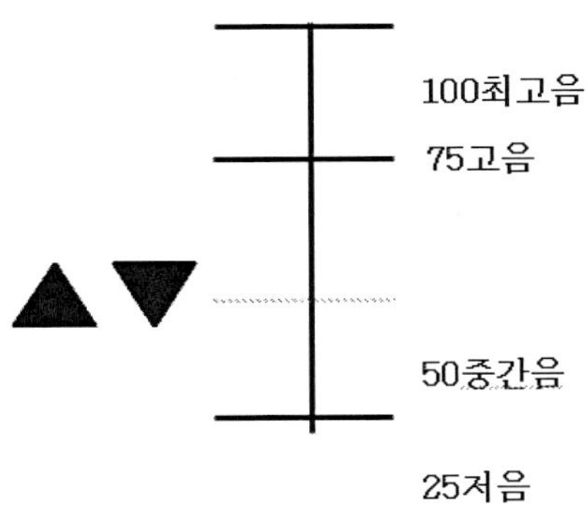

실습를 해보도록 하자

▲ 문장에 의한 4단계 발성법

- 웅변을 하더니: (25)　　　훌륭한 사람이 되더니: (25)
- 착한 일을 하더니:(50)　　　남을 돕더니: (50)
- 공부를 열심히 하더니(75)　　　사회가 명랑해지더니: (75)
- 훌륭한 사람이 되었습니다.(100)　　　국가가 발전했습니다.: (100)

- 나를 위하여 땀을 흘리고: (25)
- 남을 위하여 눈물을 흘리고: (50)
- 민족을 위하여 피를 흘리고: (75)
- 나라를 위하여 목숨을 바쳐라: (100)

- 겨레여! 우리의 조국이 있다: (25)
- 내 사랑 바칠 곳은 오직 여기뿐: (50)
- 심장의 더운피가 식을 때까지: (75)
- 즐거이 이 강산을 노래 부르자:(100)

5. 5단계 발성법

20의 음성(낮은 소리) 아
40의 음성(보통 낮은 소리) 아
60의 음성(보통 높은 소리) 아
80의 음성(높은 소리) 아
100의 음성(가장 높은 소리) 아

6. 실습를 해보도록 하자

▲ 문장에 의한 5단계 발성법

바람아 불어라: (20)	푸른 초원에 깔리는: (20)
구름아 흘러가라: (40)	말발굽 소리와 함께: (40)
파도야 몰아쳐라: (60)	인디언의 북소리가 들리는: (60)
하늘아 무너져라: (80)	저 높은 언덕으로 : (80)
땅아 꺼져라!: (100)	뛰어 올라갑시다: (100)

하나 하면 고향이 생각납니다. (20)
둘 하면 시골길이 생각납니다. (40)
셋 하면 바닷가 생각납니다. (60)
넷 하면 뒷동산이 생각납니다. (80)
다섯 하면 통일이 생각납니다.(100)

남이 누워 있을 때 나는 일어나고,: (20)
남이 일어나면 나는 걸어가고,: (40)
남이 걸어가면 나는 달려가는 정신으로 살아야만,: (60)
남보다 먼저 성공할 수 있는 사람이 될 수 있다고,: (80)
나는 확실히 단언합니다.: (100)

7. 8단계 발성법

《실습》

☆봄 편지☆ **☆우리의 소원은☆**

연못가에 새로 핀 ------(10)------ 우리의 소원은 통일
버들잎을 따서요 ------ (25)------ 꿈에도 소원은 통일
우표 한 장 붙여서------(40)------ 이 정성 다해 통일

강남으로 보내면 ------ (50)------ 통일을 이루자

작년에 간 제비가 ------(60)------ 이 나라 살리는 통일

푸른 편지 보고요 ------(70)------ 이 겨레 살리는 통일

대한 편지 보고요 ------(85)------ 통일이여 어서 오라

다시 찾아옵니다 ------(100)------ 통일이여 오라

8. 10단계 발성법

《실습 》

▲ 기본 10단계 발성법

열하면 열이다--------------------100의 음성

아홉 하면 아홉이다---------------- 90의 음성

여덟 하면 여덟이요-----------------80의 음성

일곱 하면 일곱이요-----------------70의 음성

여섯 하면 여섯이요-----------------60의 음성

다섯 하면 다섯이요-----------------50의 음성

넷 하면 넷이요---------------------40의 음성

셋 하면 셋이요---------------------30의 음성

둘 하면 둘이요-------------------- 20의 음성

하나 하면 하나요-------------------10의 음성

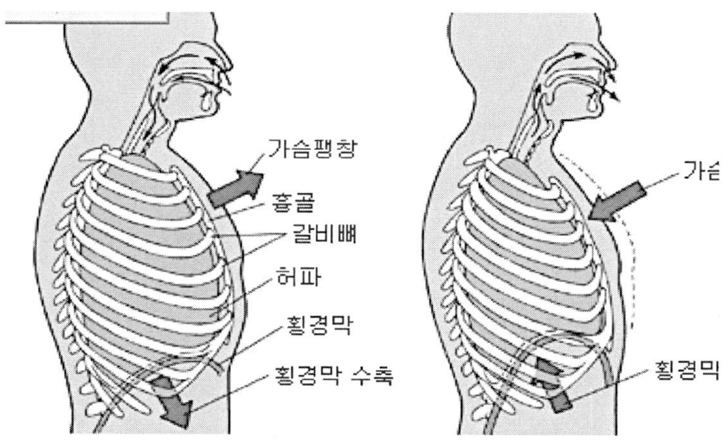

숨 들이 마심　　숨 내쉼

Chapter 3

어려운 낱말 발성연습

스피치나 강의를 할 때 가장 중요한 것은 전달력이다. 발음이 정확하지 않으면 아무리 훌륭한 강의나 스피치라 할지라도 인정받지 못할 것이다. 아나운서들도 발음에 신경을 쓰며 무단한 노력을 하고 있다는 사실이다.

연습을 하면서 잘 안 되는 발음은 번호를 체크하여 반복된 연습을 하는 것이 매우 중요하다. 스피치는 반복된 연습 꾸준한 연습이 필요하다. 연습하기 전 안면근육 운동을 통해 안면근육을 풀어 주고 연습하면 더 잘 된다는 사실이다.

1. 어려운 낱말

(1) 내 표지 표시는 흰 색 표지 표시이고, 네 표지 표시는 검은 색 표지 표시이다.

(2) 중앙청 창살 쌍 창 살 시청 살창 외 창 살, 종합 운동장 창살은 겹 창살이다.

(3) 앞집 팥죽은 붉은 풋 밭 팥죽이고, 뒷집 콩죽은 햇콩 단콩 콩죽이다.

(4) 이분은 박 법학박사이시고, 저분은 백 법학박사이시다.

(5) 꿀꿀이네 멍멍이는 꿀꿀해도 멍멍하고, 멍멍이네 꿀꿀이는 멍멍해도 꿀꿀한다.

(6) 봄 뜸 군도 풋 콩밥 한 사발, 가을 뜸 군도 풋 콩밥 한 사발.

(7) 말하기 좋다고 남의 말을 하는 사람 보면, 말 많으니 말 말 을 까 하노라.

(8) 내가 그린 기린은 그림은 잘 그린 그림이고, 네가 그린 기린 그림은 못 그린 기린 그림이다.

(9) 콩 심은 데 콩 나고 팥 심은 데 팥 난다는데 저 밭에는 콩팥 중에 무엇을 심었을까?

(10) 강낭콩 옆 빈 콩깍지는 완두콩 깐 콩깍지고, 완두콩 옆 빈 콩깍지는 강낭콩 깐 빈 콩깍지다.

(11) 저 말뚝이 말 맬 만한 말뚝이냐 말 못 맬 말뚝이냐?

(12) 간장공장 공장장은 강 공장장이고, 된장공장 공장장은 장 공장장이다.

(13) 들의 콩깍지는 깐 콩깍지인가 안 깐 콩깍지인가. 깐 콩깍지면 어떻고 안 깐 콩각지면 어떠냐

(14) 작년에 온 솥 장수는 새 솥 장수이고, 금년에 온 솥 장수는 헌 솥 장수이다.

(15) 상표 붙인 큰 깡통은 깐 깡통인가? 안 깐 깡통인가?

(16) 서울특별시 특허 허가과 허가과장 허 과장

(17) 저기 저 뜀틀이 내가 뛸 뜀틀인가 내가 안 뛸 뜀틀인가

(18) 배가 아파서 배 밭에 나가 배를 먹는데 배를 타고 가던 사공이 배가 아프냐 배가 아프냐 묻더라

(19) 밤이 익어서 밤에 밤 따러 갔더니 밤이 어두워 밤은 못 따고 밤만 깊어 가더라.

(20) 장이 없어서 장을 구하러 장에 갈까 했더니 장이 아파서 장에도 못가고 장맛도 못 봤다.

(21) 우리 집에 깐 콩깍지와 안 깐 콩깍지가 있는데 깐 콩깍지는 많고 안 깐 콩깍지는 적습니다.

(22) 우리 집 옆에 간장공장이 있고 간장공장 옆에 된장공장이 있고 된장공장 옆에 고추장공장이 있고 간장공장, 된장공장, 고추장공 장에는 공장장들이 있습니다.

(23) 우리 집에 안 깐 깡통이 두 개 있고 깐 깡통이 한 개 있습니다. 깡통은 깐 깡통과 안 깐 깡통 모두 세 개 입니다.

2. 안면근육운동

(1) 혀운동 : 다댜 더뎌 도됴 드디 라랴 러려 루류 서셔 소쇼 수슈 스시 하햐

(2) 입술운동 : 마먀 머며 모묘 무뮤 므미 바뱌 버벼 부비 브비 파마 파바 파

(3) 턱운동 : 카캬 커켜 코쿄 쿠큐 크키 씩샥 썩셕 쏙숔 싸 패 쑹 썬 쭉 혀

3. 크레시아 발성법

로멜 로–멜–. 로––멜–, 로멜–

죠탈핀 죠–탈–핀, 죠탈–핀, 죠–탈핀

가리우린 가–리–우린–, 가리–우린–,가–리우–린

메츠팽큐 메츠–팽큐–, 메츠팽–큐–,메–츠–팽–큐

수네이파젤 수–네이–파젤–, 수네이 – 파젤–,수–네–이–파–젤–

스밴티쯔키 스밴–티쯔–키–, 스밴티– 쯔키, 스–밴–티–쯔–키

챠프마셀쿠 챠프마–셀–쿠, 챠프–마셀 쿠–, 챠–프마셀쿠

페오도르프나 페오도르–프–나, 페오– 도르프나–, 페–오–도르__–프나

이포리토빗치 이포리토–빗–치, 이포 –리치빗–치, 이포리–토빗치

Chapter 4

강 조 법

1

강 조 법

말의 한 구절이나 전체는 보통으로 표현하고, 그 중에서 가장 중요한 부분만을 강조다.

1. 강 조

"높은 산으로 **뛰어** 올라갔습니다."

"큰 사람과 **작은 사람이** 나란히 서 있습니다.

까불면 혼내 **버릴 테야** (높음 힘의 강조)

이건 정말 **비밀인데** 말야 (낮음의 강조)

2. 띄어 말하기

뜻으로 보아서 한 어구를 단위로 띄어서 말하며, 한 어구 안에서의 낱말과 낱말은 이여서 표현한다. 10음절에서 15음절 사이 조사는 띄어서 말한다.(7~8 음절 가능)

3. 감정표현

단순한 목소리만을 내지 말고, 말하려는 내용을 머릿속에 그리며 감정이 깃든 목소리로 열성껏 표현한다.

〈보기〉

· 여러분!(정중하게) / 이봐요, 아가씨!(부드럽게)

· 여러분!(박력있게) / 이봐요, 아가씨!(화가나서)

· 여러분!(날카롭게) / 이봐요, 아가씨!(애처롭게)

· 여러분!(상냥하게) / 이봐요, 아가씨!(교만하게)

· 맨주먹으로 권총 든 강도를 때려 잡았습니다.(주먹을 쥐며 강하게 표현)

4. 소리원근

적은 청중이나 가까운 곳에 있는 사람에게는 목소리를 작게, 많은 청중이나 먼 곳에 있는 사람에게는 목소리를 크게 표현한다.

요즘은 마이크가 좋아 크게 보다는 강하게 표현 하는 것이 좋다.

〈보기〉

(가까운 거리) – (보통거리) – (먼거리) – (아주 먼 거리)

숙이야! 숙이야! 숙이야! 숙이야!

(청중이 적다) – (청중이 보통) – (청중이 많다) – (엄청나게 많다.)

여러분! 여러분! 여러분! 여러분!

5. 동격표현

동격 표현이라 함은 한 문장에서 어떤 단어나 구절이 다른 단어나 구절과 문장 구성에서 같은 기능을 가지는 일이며 생각이나 느낌 따위를 언어나 몸짓 따위의 형상으로 드러내어 나타낸다. 동격 표현 방법은 대부분이 강조하기 위한 것이므로 앞의 말보다 뒤의 말을 강조하되, 뜻으로 봐서 부득이 한 경우에는 타당성에 우선한다.

〈보기〉

내 조국 대한민국은…

자유가 아니면 죽음을 달라

아침에 소나기가 금방 보슬비로 변하는 게 아니겠습니까?

인류의 문화와 문명은 진보하고 있습니다.

삼천리 금수강산, 내 조국 대한민국을 영원히 빛내야 하겠습니다.

2

발 음 법

발음이란 혀 · 이 · 입술 등을 이용하여 말을 이루는 소리를 내는 일 또는 그 소리발성법에 의하여 나오는 소리를 발음 기관(구개음, 혀, 이빨, 입술)을 움직여 정확한 말이 되도록 하는 것을 말한다.

아무리 발표를 잘 하여도 발음이 정확하지 않으면 상대방이 알아들을 수 없기 때문에 정확한 발음 연습으로 항상 정확하게 말하는 습관을 갖도록 한다.

1. 음과 자음

음 : 성대의 진동을 받은 소리가 입술, 코, 목구멍의 장애에 의한 마찰을 받지 않고 나오는 소리(홀소리)이다.

ㅏ ㅑ ㅓ ㅕ ㅗ ㅛ ㅜ ㅠ ㅡ ㅣ

(1) 단모음 : 홑홀소리(홀로 소리 나는 것)
발음의 앞뒤가 다르지 않고 발음하는 입 모양도 변함이 없는 것.

ㅏ ㅓ ㅗ ㅜ ㅡ ㅣ ㅐ ㅔ ㅚ

여기서 애는 ㅏ + ㅣ, 외는 ㅗ + ㅣ로 합쳐져서 된 것 같으나 발음은 단모음이다.

(2) 중모음 : 겹홀소리(한 개의 소리에서 다음 소리로 가는 중간에 나는 소리)
단모음을 두 개 이상 합한 것으로, 발음의 앞뒤가 다르고 발음하는 입 모양도 변한다.

ㅑ ㅕ ㅛ ㅠ ㅒ ㅖ ㅟ ㅓ ㅘ ㅙ ㅞ ㅟ ㅑ ㅕ ㅛ ㅠ의 글자의 외형은 단모음 같이 보이나 발음은 중모음이다.

ㅣ + ㅏ = ㅑ, ㅣ + ㅓ = ㅕ, ㅣ + ㅗ = ㅛ, ㅣ + ㅜ = ㅠ

즉 ㅣ에서 ㅏ ㅓ ㅗ ㅜ로 가는 중간에 나는 소리다.

(3) 언어교정 모음 발성

파열음(터짐소리) : 막았던 자리를 급히 열 때 나는 소리

(연구개파열음) : 가 까 카 개 깨 캐 기 끼 키, 고 꼬 코 구 꾸 쿠 그 끄 크

(치근 파열음) : 다 따 타 대 때 태 디 띠 티, 도 또 토 두 뚜 투 드 뜨 트

(양순 파열음) : 바 빠 파 배 빼 패 비 삐 피, 보 뽀 포 부 뿌 푸 브 쁘 프

파찰음 : 혀끝이 윗몸의 경구개에 붙었다 떨어질 때 나는 소리

자 짜 차 재 째 채 지 찌 치, 조 쪼 초 주 쭈 추 즈 쯔 츠

마찰음 : 날숨이 성문이나 구개에 마찰을 일으킬 때 나는 소리

사 싸 하 새 쌔 해 시 씨 히, 소 쏘 호 수 쑤 후 스 쓰 흐

비 음 : 입안의 어떤 자리를 막아서 비강에 울림을 줄 때 나는 소리

"ㅁ" - 두 입술이 닫히면서 공기가 코로 통해 나가며 목청을 떤다.

"ㄴ" - 날숨이 코 안을 울리는 소리

"ㅇ" - 혀의 뒷부분이 목젖과 붙었다가 떨어지면 나온다.

나 마 아 내 매 애 니 미 이, 노 모 오 누 무 우 느 므 으

유 음 : "ㄹ" 위치에 따라 혀 옆소리(달, 말, 물) 떨음소리(소리, 노래, 거리)

두둘김 리(사람, 들림, 바람, 걸림)

라 라 라 래 래 래 리 리 리, 로 로 로 루 루 루 르 르 르

2. 자 음

발음할 때 혀, 이, 구강, 입술 등의 발음기관에 의해 호흡이 제한되어 나는 소리(닿소리).

ㄱ(기역), ㄴ(니은), ㄷ(디귿), ㄹ(리을), ㅁ(미음), ㅂ(비읍), ㅅ(시옷), ㅇ(이응), ㅈ(지읒), ㅊ(치읓), ㅋ(키읔), ㅌ(티읕), ㅍ(피읖), ㅎ(히읗)

▶ 단자음 : 홀 닿소리 : ㄱ ㄴ ㄷ ㄹ ㅁ ㅂ ㅅ ㅇ ㅈ ㅎ ㄲ ㄸ ㅃ ㅆ ㅉ

▶ 중자음 : 겹닿소리(둘 이상으로 되어서 소리 나는 동안의 앞뒤에 따라 다르게 나는 소리)

ㅊ ㅋ ㅌ ㅍ ㄺ ㄻ ㄾ ㅄ ㄵ ㄳ ㄶ ㄿ ㄲ ㄸ ㅃ ㅆ ㅉ은 글자의 외형은 겹이지만 발음은 홀소리다.

ㅊ, ㅋ, ㅌ, ㅍ은 글자의 외형은 홀이지만 발음은 겹이다.

ㅊ = ㅈ + ㅎ, ㅋ = ㄱ + ㅎ, ㅌ = ㄷ + ㅎ, ㅍ = ㅂ + ㅎ

1) 음 발성의 분류

(1) 발성하는 법(형태)에 의한 분류

▶ 비 음 : 콧소리(코로 나오는 소리. ㄴ ㅁ ㅇ)

▶ 파열음 : 터짐소리(입술이나 혀끝 같은 곳에서 아주 막혔다가 터져 나오는 소리. ㄱ(ㅋ) ㄷ(ㅌ) ㅂ(ㅍ) ㅈ(ㅊ) ㄲ ㄸ ㅃ ㅉ)

▶ 마찰음 : 갈이소리(혀끝에서 입천장 같은 곳을 아주 좁혀서 그 사이를 갈아서 나는 소리. ㅅ, ㅆ, ㅎ)

▶ 유 음 : 흐름소리(혀끝으로 흘러나오는 소리. ㄹ)

(2) 소리를 막는 위치에 의한 분류

▶ 아 음 : 어금닛소리(혀뿌리가 목젖에 닿아서 나오는 소리. ㄱ ㅋ ㅇ)

▶ 설 음 : 혓소리(혀끝이 잇몸에 닿아서 나오는 소리. ㄴ ㄷ ㄹ)

▶ 순 음 : 입술소리(두 입술이 닿았다 나오는 소리. ㅁ ㅂ ㅍ)
▶ 치 음 : 잇소리(혓바닥과 입천장 사이에서 나오는 소리. ㅅ ㅈ ㅊ)
▶ 후 음 : 목구멍소리(목청을 갈아서 나오는 소리. ㅇ ㄹ)

(3) 발성기관의 구조와 역할

사람이 소리를 내는데 관계되는 신체적인 모든 기관을 발성기관(음성기관)이라고 한다. 이와 같은 발성기관은 공기를 움직이게 하는 발동부와 소리를 내는 발성부, 소리를 부르는 조음부로 구분할 수 있다. 발동부란 시발부 라고도 하는데 숨을 쉬고 소리를 내며 말할 수 있도록 공기를 움직여 주는 곳이며, 발음부란 성대의 진동으로 소리를 만들어 내는 곳이다.

조음부란 발음부라고도 하는데 소리를 골라주는 역할을 한다.

※ 발성기관이 하는 일을 크게 나누어 보면,
(1) 음식물을 소화하고, 숨쉬기 작용으로 생명을 유지시켜 주며
(2) 음성을 발생시키는 중요한 일을 한다.

2) 발성 연습시 주의할 점

▶ 목, 턱, 입술, 혀의 운동으로 근육을 풀어 준다.
▶ 저음부터 연습하여 고음으로 차츰 올린다.
▶ 입모양을 정확히 하고 발성은 길게 한다.
▶ 연습전후에 약물이나 자극적인 음식은 피한다.
▶ 발음을 명확히 하고 알맞게 연습한다.

3. 설음(舌音) 연습으로 말소리 다듬기

※ 설음을 연습하면
(1) 발음에 자신을 갖게 된다.
(2) 음성이 밝아진다.

(3) 음성이 맑아진다.

(4) 음성이 다양해진다.

※ 억양연습

(1) 높은 음성 – 호소할 때
(2) 낮은 음성 – 설명할 때
(3) 긴 음성 – 주입할 때
(4) 짧은 음성 – 확신 줄 때
(5) 느린 음성 – 암시 줄 때
(6) 빠른 음성 – 흥분 줄 때
(7) 맺은 음성 – 감화 줄 때
(8) 강한 음성 – 감동 줄 때
(9) 약한 음성 – 감명 줄 때
(10) 클라이막스 – 감탄 줄 때

4. 발음 운동

(1) 혀 운동

다댜 더뎌 도됴 두듀 드디 라랴 러려 로료 루류 르리
사샤 서셔 소쇼 수슈 스시 하햐 허혀 호효 후휴 흐히

(2) 입술 운동

마먀 머며 모묘 무뮤 므미 바뱌 버벼 보뵤 부뷰 브비

(3) 턱 운동

카캬 커켜 코쿄 쿠큐 크키 싹샥 썩셕 쏙쇽 쑥슉 쓱식

※ 설음연습

글글글글–	끌끌끌끌–	길길겔겔–	노랑노랑–	도랑도랑–
두런두런–	두렁두렁–	달랑달랑–	덜렁덜렁–	몰랑몰랑–
두렁두렁–	라면라면–	울면울면–	멀렁멀렁–	물렁물렁–
비틀비틀–	배틀배틀–	베틀베틀–	마늘마늘–	치렁치렁–
샐금샐금–	살금살금–	설금설금–	출렁출렁–	철렁철렁–

와글와글–	우글우글–	위글위글–
조롱조롱–	주룽주룽–	주렁주렁–
토닥토닥–	투닥투닥–	투덕투덕–
카랑카랑–	커렁커렁–	쿨룽쿨룽–
파릇파릇–	퍼릇퍼릇–	퍼럿퍼럿–
홀짝홀짝–	훌쩍훌쩍–	핼짝핼짝–

Chapter 5

나는 할 수 있다

1

나는 할 수 있다!
Yes, I can do it.

1. '나는 할 수 있다!' Yes, I can do it.

최초의 대서양 횡단 해저무선 부설계획은 무모하고 공상적인 기도라는 평이 자자했을 때 필드는 이렇게 외쳤다.

'나는 할 수 있다!'

현명한 사람들이 그에게 미국대륙 기구비행 횡단과 같은 일은 할 수 없다고 말했을 때 반즈도 그렇게 말했었다. 5개월 동안 3천 마일을 비행한 끝에 그는 그것을 실현했다.

그는 샌디애고에서 비라스까지의 모든 여정 동안 변덕스럽고 예측하기 어려운 기류를 타고 멋지고도 위험한 일들을 체험했던 것이다.

그는 샌디애고에서 1백마일 동쪽에 있는 어느 산꼭대기에 충돌하여 등을 다쳐 사흘 동안 입원한 적도 있었다. 로키산맥에서 행방불명이 되어 사흘 동안 지상과 연락이 끊긴 일도 있었다.

기구는 몇 번이나 나무에 걸렸고 그 때마다 시간이 지연되어 피츠버그 근처에 착륙하기도 했다.

스물 입곱 살의 기구 탑승자에게 있어서 모든 것은 무모함의 연속이었다. 그는 의도적으로 그랜드 캐넌에 내려서 망태와 기구를 세워 놓고 콜로라도 강에서 수영을 하기도 했다.

네브라스카에서 피츠버그까지는 비교적 순탄했다.

"그 모든 것은 위대했다."라고 반즈는 말했다. 풍향도 좋지 않았었고 수많은 재난 때문에 그 여행은 예정보다 두 배나 더 많은 시일을 필요로 했던 것이다.

'나는 할 수 있다.'

던컨도 이렇게 말했다. 그는 남부의 흑인 고아로서 이 고아원 저 고아원을 옮겨 다니며 자랐다. 그는 아칸소와 미시시피 근처에서 13명이나 되는 가족과 함께 살던 일을 기억하고 있었다.

영양 부족으로 인해 학교에서는 곧 잘 졸곤 했다.

그러나 그는 프린스턴 대학에서 심리학과 철학박사 학위를, 캘리포니아 대학에서 의학박사 학위를 받았다. 참으로 중요한 것은 당신의 피부 색깔이 어떤가, 즉 백인인가 흑인인가 하는 것이 아니다.

가장 중요한 것은 당신의 생각이 무슨 색이냐 하는 것이다.

빨강인가 파랑인가? 그것은 파란색이어야 한다. 고(go)이어야 한다. 피부색은 마음대로 할 수 없지만 사고방식의 색은 스스로 결정할 수 있는 것이다. 던컨의 말이다.

'나는 할 수 있다.'

멕시코 여인 반유에로스도 이렇게 말했다. 그녀가 멕시코에서 결혼한 것은 겨우 열여섯 살 때였다.

그녀는 2년이 지나 두 사내아이를 낳은 뒤에 이혼을 하고 어느 세탁소에서 하루 1달러를 받으며 일하게 되었다.

그녀는 캘리포니아에 가면 좀 더 잘 살 수 있다는 말을 듣고 단돈 7달러를 지니고 캘리포니아 행 버스를 탔다. 먼저 접시 닦는 일부터 시작하여 할 수 있는 일이라면 닥치는 대로 해서 기를 쓰고 돈을 저축하기 시작했다. 4백 달러의 돈이 모였을 때 그녀와 숙모는 낙지 구이 기구와 맷돌 한 대만을 갖춘 작은 빵 공장을 살 수 있었다.

숙모가 그 사업에서 손을 떼고 싶다고 말하자 숙모의 몫까지 맡았다.

그녀의 멕시코 식품회사는 멕시코 인이 경영하는, 전국에서 제일 큰 식품 도매상으로 연간 5백만 달러의 매상을 올렸으며 3백 명이 넘는 고용인을 거느리게 되었다.

이 무렵 그녀는 멕시코 출신 미국인의 생활수준을 높이기로 결심했다.

'우리에게도 우리의 은행이 필요해.'

그녀는 멕시코 출신 미국인 사회에 봉사하기 위해 로스엔젤레스 동쪽에 판 아메리칸 내셔널 은행을 설립하는 데 힘을 기울였다. 그 은행의 재원은 라틴계 은행의 86%가 출자한 2천2백만 달러였다.

부정적으로 생각하는 전문가들은 다음과 같이 말하기 시작했다.

"멕시코계 미국인이 은행을 만든다는 것은 불가능하다."

"당신은 적임자가 아니다."

"당신은 도저히 해낼 수 없을 것이다."

이런 말을 듣고 그녀가 했던 말은 다음과 같은 한마디뿐이었다.

'나는 할 수 있다.'

대담하게도 그녀는 위원회의 선두에 서서 세 사람의 변호사를 고용하여 새 은행 설립의 허가증을 손에 쥐는 데 성공했다. 그녀는 다음과 같이 말했다.

나는 작은 트레일러(자동차를 끄는 이동 주택) 안에 은행을 개설했다. 그러나 그 지방의 멕시코 사람에게 주식을 파는 일이 제일 큰일이었다. 그 곳 사람들은 아무런 신념도 없었다.

나는 몇 번이고 그들에게 주식을 사라고 권했지만 그들은 늘 이렇게 말하는 것이었다.

"우리가 은행을 가질 수 있다는 생각은 어디에서 착상했는가? 우리는 10년, 아니 15년이나 열심히 일해 오면서도 늘 실패만 거듭하지 않았는가?

당신도 알다시피 멕시코 사람은 도저히 은행가가 될 수 없다."라고,

이 은행은 현재 동부 로스엔젤레스에서 가장 성공한 사업체의 하나가 되었다.

"오늘날 멕시코계 미국인이 성공하지 못하고 있는 가장 큰 원인은 무엇이라고 생각하는가?"

언젠가 그녀는 이런 질문을 받은 적이 있었다. 그녀는 대답했다.

멕시코 사람들이 열등민족이라는 근거 없는 말을 대부분 믿고 있다는 점이다.

나는 어릴 때부터 멕시코에서 자랐다. 나는 멕시코 출신임을 자랑스럽게 생각한다.

훗날 불행한 유년시절을 보냈던 로마나 반유에로스는 성공의 새롭고 높다란 곳에 도달했다. 미국의 대통령에게 발탁되어 34대 미국 재무성 출납국장이 된 것이다.

2. ‘나는 할 수 있다!’ Yes, I can do it.

힘들고 어려운 일에 봉착 했을 때 내 자신 스스로가 잘 해왔던 일 자신 있게 해왔던 일을 회상하면서 글을 한번 적어 보자, 스스로를 돌아보면서 지금 계획하고 있는 일, 앞으로 내가 해야 일들이 있다면 “나는 할 수 있다” 라는 다짐을 하면서 글을 써보면서 자신감을 키우는 것도 좋은 방법이고 자신이 쓴 글을 곱씹으며 방향을 설정하는 것도 좋은 방법이라 생각한다.

※ 나의 글을 써보기 :

3. 자신감을 갖는 행동

자신감 있는 행동은 자신감 있는 생각을 낳는다.

위대한 심리학자인 조지 W. 크레인 박사는 자신의 유명한 저서 '응용 심리학' 에서 이렇게 말하고 있다.

"행동은 감정의 선봉임을 기억하라. 감정은 직접적인 통제가 불가능하며 오로지 행위나 동작의 선택을 통해서만 통제가 가능하다."

심리학자들은 육체적인 행동을 변화시킴으로써 마음자세를 변화시킬 수 있다고 말하고 있다.

예를 들어 억지로라도 미소를 지으면 마음은 한결 밝아진다.

또한 구부정하게 있을 때보다 허리를 펴고 서 있을 때 자신이 더 당당하게 느껴진다. 아니면 얼굴을 한껏 찡그려 보고 자신의 기분이 어두워지지 않는지 살펴보라.

행동을 관리할 때, 감정의 변화가 가능하다는 것은 쉽게 입증할 수 있는 문제이다.

예를 들어 숫기가 없어 자신을 소개하는데 애를 먹는 사람은 세 가지의 간단한 행동을 취함으로써 소심함을 자신감으로 바꿀 수 있다.

1. 첫째, 상대방의 손을 잡고 따스하게 악수를 나눠 보라.

2. 둘째, 상대방의 눈을 똑바로 쳐다보라.

3. 셋째, "당신을 알게 되어 매우 반갑습니다."라고 말해 보라.

"난 못해 쑥스러워서"라고 하는 사람들이 의외로 많다는 사실이다. 두려워하지 말고 힘이 든다면 연습을 하자 거울을 보고 연습을 하며 행동으로 옮기는 것이 가장 중요한 팁인 것이다.

악수할 때는 손에 가볍게 힘을 주어 항상 열정과 도전이 준비 되어있다는 메시지를 전하라. 상대방의 눈을 마주칠 때도 존경의 눈빛, 반가움에 눈빛으로 쳐다보고 목소리는 낮은 중저음의 목소리가 상대에게 더욱 더 많은 신뢰감을 줄 수 있다.

이 세 가지의 간단한 행동은 수줍음을 단숨에 날려 버린다. 왜냐하면 자신감이 배어 있는 행동이 자신감 있는 사고를 낳기 때문이다. 그러므로 자신감을 갖고 싶다면 일단 자신감 있게 행동하라.

크게 생각 할수록 크게 이룬다.

2

대인관계

1. 당신의 혀에 자물쇠를 채워라.

항상 당신이 생각하는 것 보다 적게 말하라.
낮고 설득력 있는 목소리를 길러라.
때때로, 당신이 무엇을 말하는가 보다 어떻게 말하는가가 더 중요하다.

2. 약속을 쉽게 하지 말되, 한 번 한 약속은 어떤 일이 있어도 지켜라.

3. 다른 사람에게 친절한 말이나 힘을 북돋울 수 있는 말을 건넬 수 있는 기회를 절대 지나치지 말라.

대상이 누구이더라도 잘한 일에 대해 칭찬하라.
만약 비판이 필요하다면 도움이 되는 방식을 선택해야지, 절대 꾸짖는 방식이어서는 안 된다.

4. 다른 사람들에게 흥미를 가져라.

그들이 추구하는 목표, 그들의 일, 가정과 가족들에게 흥미를 가져라.
기뻐하는 사람과 흥겹게 어울려라. 슬퍼하는 사람과도 어울려라.
아무리 하찮은 사람이라 하더라도 당신이 만나는 모든 사람들로 하여금 당신이 그들을 중요하게 여기고 있다고 느끼게 하라.

5. 항상 명랑하고 쾌활하라.

당신의 작은 아픔이나 고통, 실망감이 주변 사람들에게 짐이 되거나 그들을 우울하게 만들지 않도록 하라. 그리고 기억하라. 모든 사람들은 나름의 심로(心勞)를 가지고 있음을.

6. 열린 마음을 가져라.

토론하되 논쟁하지 말라.

불쾌함을 유발하지 않으면서 상대방의 의견에 동의하지 않을 수 있다는 것은 내 의견의 우월성을 나타내는 표시이다.

7. 당신의 덕(德)이 스스로 말하게 하라. 다른 사람의 악덕에 대해 말하지 말라.

뒷 담화를 피하라. 그것은 소중한 시간의 낭비이며, 극도로 파괴적일 수 있다.

8. 다른 사람의 감정에 유의하라. 다른 사람의 약점을 이용하는 유머는 대부분 가치가 없고, 경우에 따라서는 의외로 큰 상처를 줄 수도 있다.

9. 당신에 관한 험담에 귀 기울이지 말라.

당신에게 그 메시지를 전달한 사람이 세상에서 가장 정확한 리포터가 아닐 수 있음을 명심하라.

그저 아무도 그 말들을 믿지 않도록 살면 된다.

오히려 험담에 신경을 씀으로써 생기는 신경과민과 소화불량이 험담의 원인을 제공한다.

10. 당신에게 주어지는 평판에 대해 너무 조급증을 갖지 말라. 최선을 다하고, 인내심을 가져라.

당신 스스로를 잊고, 다른 사람들로 하여금 당신을 "기억"하도록 하라.
성공은 그럴 때 훨씬 더 달콤하다.

3

대인공포를 극복하는 법

사람들은 어찌하여 다른 사람을 두려워하는 것일까?

다른 사람들이 주변에 있을 때 수줍어하는 사람이 왜 그토록 많은 것일까?

그러한 수줍음의 배후에는 무엇이 있을까? 우리는 그것에 대해 무엇을 할 수 있을까?

타인에 대한 두려움은 아주 강한 것이다. 하지만 우리에게는 그것을 정복할 방법이 있다.

타인을 '올바른 시각'으로 바라보는 법을 배운다면 타인에 대한 두려움을 극복할 수 있는 것이다.

어느 날, 목 공예품 공장을 운영하는 나의 친구가 사람들을 올바른 시각으로 바라보게 된 사례를 들려 준 적이 있다.

"2차 세계대전 당시, 군 입대를 앞두고 있던 나에게는 대인공포증이 있었다네. 자네는 그 때 내가 말이 없는 소심하고 숫기 없는 사람이었는지 모를 거야. 그런데 전쟁 중이라 신병들을 한꺼번에 모집해야 했는데, 나는 그 당시 커다란 징병센터에서 위생병으로 일하게 되었지. 그렇게 해서 날마다 젊은이들을 검진하는 과정을 돕게 되었고 그들을 보면서 점점 대인공포증이 사라졌다네.

벌거벗은 채로 수백 명씩 줄지어 서 있는 젊은이들은 모두 비슷비슷하게 보였지. 물론 그 중에는 뚱뚱 한 친구나 마른 친구, 키가 큰 친구나 작은 친구들도 있었지만 한결 같이 뭔가 불안하고 외롭다는 표정이 역력하더군.

그 속에는 며칠 전만 하더라도 잘 나가는 회사의 중역이었던 사람도 있었다네. 어떤 사람은 농부 또 어떤 사람은 영업사원 그리고 또 다른 사람은 노동자 계층이었지. 며칠 전만 하더라도 그들은 사회 각계에서 여러 가지 일을 하던 사람이었지만 징병센터에서는 모두 비슷비슷한 모습을 보여 주고 있었다네.

그 때 나는 인생의 기본적인 원리를 발견할 수 있었지. 즉, 사람은 각각 다른 면보다는 비슷한 면이 훨씬 더 많다는 것을 깨달은 것일세. 그리고 그들이 나와 아주 흡사하다는 것을 발견하게 되었지. 그들 역시 나처럼 좋은 음식, 출세, 휴식을 원하며 가족과 친구들을 그리워하고 더불어 나름대로의 문제를 안고 있었던 것이지. 이처럼 그들이 기본적으로 나와 비슷한 존재라면 그들을 두려워할 이유가 없었지.

참으로 좋은 깨달음이 아닌가!"

다른 사람이 기본적으로 자신과 비슷하다면 그를 두려워할 필요가 없는 것이다.

Chapter 6

연단공포 극복

1

연단공포 극복

1. 성공적인 스피치를 위한 조건

첫째, 심리적 안정감을 갖고 대중 앞에서 당당하고 자신 있게 말할 수 있어야 한다.

둘째, 청중을 사로잡는 멋진 음성테크닉, 연단매너, 제스처 등을 자연스럽게 구사할 수 있는 등 효과적인 전달능력이 있어야 한다.

셋째, 전하고자 하는 핵심적인 내용이 논리적으로 구성되고, 청중을 감동, 감화, 설득할 수 있어야 한다.

2. 심리적 안정감

스피치는 다른 사람을 대상으로 하고 한정된 시간 내에 전하고자 하는 말을 끝내야 한다는 시간 제약과 목적을 달성해야 한다는 심리적 부담 때문에 정신적인 구속이 가해진다. 또한 실수하지 않고 잘해야 한다는 부담감으로 불안, 초조, 긴장 등이 고조되기도 한다. 이러한 심리적 갈등을 어떻게 극복하느냐에 따라 스피치의 성패가 좌우되므로 심리적 안정감은 무엇보다 중요하다.

3. 발표 불안증을 극복하는 방법

발표불안을 극복하는 최상의 방법은 역설적이지만 대중 앞에서 스피치를 자주 경험하여 발표 불안의 면역성을 키우는 것이다.

타인들이 발표 기회를 만들어 주기 전에 자신이 기회를 적극적으로 만들어서 경험하는 것이 가장효과 적인 방법이기 때문에 친구결혼식 사회진행 등 생활 속에서 작은 것부터 자신이 할 수 있는 것을 실천하기 바란다.

'진정한 용기란 두려워하지 않는 것이 아니라 두렵지만 행동으로 옮기는 것이다.'

4. 효과적인 전달능력

좋은 상품이라도 전달을 잘못했기 때문에 소비자의 손에 닿지 않고 사라지는 상품들이 얼마나 많은가? 미국의 심리학자 메라비안에 의하면 같은 말이라도 목소리에 따라 의사전달 효과가 38%나 좌우된다고 하며, 하버드 대학에서 연구, 조사한 바에 따르면 청중의 80% 이상이 말하는 사람의 목소리만으로 그의 신체적, 성격적 특성을 규정짓는다고 하였다.

목소리는 연사의 이미지를 결정짓는 중요한 요소가 되며, 나아가 의미전달효과에도 큰 영향을 미치게 된다.

5. 신뢰와 호감을 주는 음성 개발하기

10단계 발성 : 발성의 10단계는 아주 중요한 기본 발성으로서 자신의 음성을 정확히 알게 하고 고저, 강약, 장단의 연습을 통해 신뢰와 호감을 주는 음성을 개발할 수 있다.

음성학적으로 자기음성의 10%의 소리를 10도 음이라고 하고 100%의 소리를 100도 음이라고 한다.

10도 음부터 20, 30~80, 100도 음까지 계단식으로 음을 구분해서 발성연습을 하면 자신의 음성을 입체적으로 표현할 수 있어 의미전달을 잘할 수 있다.

6. 복식 호흡법

스피치에서의 호흡법은 숨을 들이 마시면 배가 자연스럽게 나오고 말을 할 때에는 배에 힘이 들어가는 복식 호흡이 바람직하다.

그러나 현대인들은 가슴으로 얕게 숨을 쉬는 흉식 호흡(가슴호흡)을 해서 빈약하고 조급한 목소리와 짧은 스피치 에도 목이 쉽게 잠기는 것을 볼 수 있다.

항상 자신의 호흡을 점검하며 복식호흡을 생활화하여 좋은 음성과 건강을 유지하도록 한다.

7. 효과적인 말하기 훈련법

표현을 잘하는 사람과 못하는 사람의 가장 중요한 차이는 말의 억양이나 속도에 변화를 주며 말하느냐 아니냐 이다. 처음부터 끝까지 단조롭게 표현하면 듣는 사람을 지루하게 만들고, 의미전달을 효과적으로 할 수도 없다. 음성의 강약과 높고 낮음, 그리고 빠르고 느림이 잘 조화된 언어 표현을 익혀야 한다.

8. 띄어 말하기

글을 쓸 때는 단어 중심으로 띄어 쓰지만 말에서는 그 의미나 흐름에 맞추어 어구를 한 단위로 묶어서 말하는 게 보통이다.

즉, 한 어구 안에서의 낱말은 붙여서 표현하는 것이 물 흐르듯이 자연스럽다는 뜻이다.

9. 음성의 고저, 강약, 완급

내용이 좋은 신문 사설을 선택하여 말의 강약, 어조의 빠르기에 변화를 주며 말하되, 읽는 게 아니라 마치 친구에게 말하듯이 자연스럽게, 천천히 그리고 약간 큰소리로 읽는다. 문장 끝에 '있다' '없다' '것이다'를 '있습니다' '없습니다' '것입니다' 등 구어체로 바꾸어서 읽는다.

10. 감정이입

'말 속에 자기를 투입하라.'

데일 카네기의 말이다. 억양이나 속도에 변화를 주고 띄어 말하기를 한다 하더라도 화자가 자기의 말에 진심과 열성을 담지 않고 건성으로 말한다면 결코 청자의 마음을 사로잡을 수 없다. 말 할 때 내용과 일치 되는 감정을 목소리와 표정에 담아야 한다.

11. 웃는 연습, 표정 연습 (거울 · 스마트폰 녹화기능 이용)

연단의 매너와 이미지 메이킹

'몸은 입보다 더 많은 말을 한다'는 이야기가 있다.

그만큼 스피치에 있어서 표정이나 제스처가 중요하다.

몸은 의사표현의 직접적인 수단이 되기도 하고 때로는 간접적인 의사보충 효과를 나타내기도 한다.

12. 무엇을 말할 것인가?

속된 말로 밑천이 있어야 장사할 것이 아닌가? 먼저 퍼스널 브랜드인 자신에 대한 철저한 분석을 해서 자신의 강점을 발견해야 한다.

지금까지 무엇을 해 왔느냐, 타인과 차별화된 전문적이고 경쟁우위의 능력은 무엇이며, 회사 내에서 저 사람이 없다면 이 분야에서 일이 안 된다는 소리를 듣는, 나만 할 수 있는 영역은 무엇인가 등 자신의 강점을 A4용지 10장 분량으로 쓴다.

그리고 5장으로 축소, 마지막으로 1장 분량으로 축소한 것이 바로 당신이 PR해야 할 핵심적인 부분이다. 자신을 정확히 알기 위해서는 친구 등의 피드백을 받는 것도 좋은 방법이다.

13. 자신의 브랜드 구축하기

언제나 똑같은 사람과 만나 대화를 나눈다면 새롭고 도전적인 아이디어를 얻을 수 없다.

따라서 자신이 선망하는 바를 행하고 자극을 줄 수 있는 사람들을 자주 만나는 것도 좋은 방법이다.

그리고 언제나 호기심을 갖도록 한다.

호기심은 자신을 브랜드 화하려는 사람들에게 필수 불가결한 것이기 때문이다.

14. 강단에서 떨림을 최소화하기 위해서는

1) 철저한 강의 준비

2) 떨리는 것을 받아들이는 자세

3) 완전한 욕심을 버리며

4) 청중을 별것 아니라고 생각하며

5) 호흡을 가다듬으며 천천히 말하려 노력하는 것

2

스피치 연습법

대부분의 사람들은 1:1의 대화는 무난히 잘 하는 편이지만 앞에 5명만 넘어가면 가슴이 뛰기 시작하고 어떻게 말을 해야 될 지 하는 것이 일반적이다.

프리젠테이션을 잘하는 방법은 여러 가지가 있다.

혼자서 거울을 보면서 훌륭한 강연을 녹음하여 반복해 듣고 따라 하는 방법, 때로는 전문적인 학원을 활용하는 방법이 있지만 시간이 없으시는 분들한테는 현실적으로 그리 간단하지 않을 때가 있고 효과적이고 세련된 말하기 훈련은 그냥 만들어지는 것은 아니며 음의 곡선, 음의 폭, 음의 강도 등의 음량 훈련은 꾸준한 자기만의 노력과 개발에서 얻어지는 것들이다.

프젠테이션을 잘 할려면 당연하지만! 발표하려는 내용을 완벽하게 이해하고 있어야 하고 자신이 말할 내용을 완벽히 알고 있다면 자신감은 저절로 따라오는 것이며 그렇게 되면 자연스럽게 발표 중에 내용에 관련된 농담을 던져 분위기를 환기 시킬 수도 있다.

내용을 다 이해했다면 주어진 발표 시간에 맞추어 적당한 분량의 PPT를 만들고 일단 말할 내용을 다 써본 후에, 시간을 재면서 반복해서 연습을 하는 것이 중요하다.

그 후에 강조해야 할 부분이나 계속 막힌다 하는 부분을 따로 표시를 하고 준비된 원고(PPT)적어도 3번 정도는 거울 앞에서 복장을 갖추고 혼자 실전 발표처럼 연습해보는 것이 좋으며 그 후에 친구나 지인 앞에서 또 해보는 것도 좋은 방법일 수 있고 이렇게 연습을 하다 보면 긴 분량의 대본이 필요 없기 때문에 말할 내용 순서만 적힌 것만으로도 충분해지며 두려움이 없어지고 자신감이 생기게 된다.

그리고 발표 후 청중들에게 들어올 질문에 대한 답을 미리 생각해두고 스스로가 몇 가지 질문을 만들어보고 거기에 대한 답을 조사를 해서 미리 준비를 해두는 것도 준비 과정이다.

※ 집에서 간단히 할 수 있는 방법은

신문이나 책 같은 것을 소리 내어 천천히 읽되, 강의하는 식으로 즉, 문장 끝의 "있다" "없다"로 끝나는 마무리를 구어체로 바꾸어 "있습니다." "없습니다."로 실제로 청중들과 대화를 하듯이 들어 나가는 것, 말의 강약과, 어조의 빠르기를 다양하게 구사하며 머릿속에는 읽는 게 아니라 상대방을 설득한다 생각하고 강하고, 부드럽게 읽어 나가야 합니다. 그리고 TV나 라디오에서 나오는 아나운서들의 말과 행동, 표정 등을 그대로 따라서 하는 방법이 있다.

앞부분에서도 말했지만 부정확한 발음, 세련되지 못한 어눌한 음량, 음성 등은 단시간에 고쳐지는 것이 절대 아니다. 꾸준한 자기 노력과 일상생활을 통해 서서히 고쳐지는 것이다. 여러분이 끝까지 가져가야 할 것은 포기하지 않는 마음이 가장 중요한 하다는 것을 잊지 않기를 바란다.

3

집중력을 키우는 방법

천재의 마음속에 숨어 있는 불꽃같은 의지는 그 자체가 하나의 놀라움이지만, 이것은 오직 그들이 지닌 극도의 집중력에서 온 것은 틀림없는 사실이다. 즉, 천재란 집중력에 통달한 사람이다.

따라서 높고 지속적인 집중력만 가지면 누구든지 능률적인 학습을 할 수 있는 것이다.

가장 기본적인 조건은 몸과 마음의 이완이다.

이완된 상태가 뇌와 신경조직에 전달되도록 해야 한다.

이완은 긴장과 스트레스로부터 해방을 의미하며 정신적 차원에서의 이완은 흥분을 중단시키며 잔존하는 흥분을 진정시키는 것을 의미한다.

두뇌에는 조용한 진동과 잔잔하고 규칙적인 알파리듬이 나타나게 된다.

그래서 정신적으로나 육체적으로 깊은 침잠과 충만된 이완 상태에 도달한다.

우선 편안한 자세를 취하는데 정신집중 훈련은 잠들기 전에 하는 것이 가장 좋으며 하루에 3번 정도 할 경우 아침에 잠이 깬 직후, 그리고 점심식사 후 잠들기 직전에 하는 것이 좋다.

한 번 하는데 시간은 15분 이상이어야 하며 시간이 길수록 좋다.

1. 하고 싶은 기분이 나지 않을 때의 집중법

1) 마감효과를 응용한 집중법

하고 싶은 의욕이 나지 않을 때는 강제적인 마감을 설정해 본다.

의도적인 중간 골을 몇 개 정해둔다. 최고의 정신력을 요구하는 마라톤에서 40km 이상의 고독한 길을 뛰는 선수는 우선 최초의 5km씩을 목표로 중간 골을 정하여 40km를 달성한다.

2) 보수효과를 응용한 집중법

일이 끝나면 여유를 가지고 자신에 대한 보수를 설정해 보는 것이다.

목적 달성 후의 즐거움을 구체적으로 상상해 본다.

의지가 약해질 때는 경쟁자를 상상해 본다. 강한 라이벌의 존재는 인간의 투쟁 본능을 자극하여 상대에게 이겨야겠다는 의지를 심어 줌으로써 무의식간에 큰 힘을 내게 한다.

3) 위치 의의 부여를 이용한 집중법

의욕에 찬 태도라 할지라도 목표가 불분명하면 능률을 올릴 수 없다.

대 목표를 명확히 설정함으로써 의욕을 불러일으키며, 설정된 목표를 도표나 문자로 나타내 본다.

눈앞에 하고 있는 작업과 목표를 비교하여 본다.

4) 유쾌한 체험을 응용한 집중법

하기 싫은 일을 할 땐 자기가 좋아하는 방법을 찾고, 단조로운 작업엔 쾌감 체험을 이용 하는 것이다. 하는 일을 즐기는 것이 최상이다.

2. 기분이 산만할 때의 집중법

1) 장소 선택에 의한 집중법

(1) 자기가 집중할 수 있는 장소, 때, 자세 등을 정하여 둔다.

(2) 책상의 방향 하나라도 집중에 좌우되는 수가 있다.

(3) 자기 방에만 집착하면 실력이 나오지 않는다.

2) 신변 정리에 의한 집중법

(1) 주위의 불필요한 것을 제거한다.

(2) 목표를 의식시킬 만한 것을 곁에 둔다.

3) 소리, 빛, 색깔에 의한 집중법

(1) 소리가 반드시 집중을 방해하는 것은 아니다.

(2) 지나치게 밝은 조명은 집중을 방해한다.

(3) 책상 위만을 밝게 하면 집중력이 증가된다.

4) 시간의 관리에 의한 집중법

(1) 나태해지기 쉬울 때는 작은 구간으로 스케줄을 짜 본다.

(2) 작은 단위의 시간은 오히려 집중하기에 좋다.

3. 마음에 무엇인가 걸릴 때의 집중법

1) 심리적 한계를 만드는 집중법

(1) 메모에 의해 심리적 망각상태를 만든다.

(2) 인간 관계를 잠시 희생시켜도 좋다는 마음을 가져 본다.

(3) 자기 자신을 삼자적 입장에 두어 본다.

2) 이미지 조정에 의한 집중법

(1) 나태해 질 때 즐겁게 일하고 있는 자신의 이미지를 그려 본다.

(2) 자기에 관한 플러스 이미지를 믿는다.

(3) 긴장은 집중의 필요조건이므로 적당한 긴장을 해 본다.

3) 준비 효과를 이용한 집중법

(1) 우선, 하고픈 일에 철저히 빠져 본다.

(2) 전날 하던 작업을 남겨 두었다 한다.

4) 사소한 동작에 의한 집중법

(1) 메모를 함으로써 집중력을 증가시킨다.

(2) 생각하고 있는 것을 말로 해 보면 집중이 되는 수도 있다.

(3) 때에 따라서는 선 채로 공부하는 것도 한 방법이 된다.

4. 활력이 났을 때의 집중법

1) 긴장감의 재생에 의한 집중법

(1) 단조로운 일에 변화를 주어서 순서나 스케줄을 바꿔 본다.

(2) 복장 등을 전과 정반대로 바꿔 본다.

2) 밸런스의 회복에 의한 집중법

(1) 머리가 피곤해 진다는 것은 육체적인 피로가 그 원인이다.

(2) 지겨우면 좋아하는 것을 먹는 것도 한 방법이다.

(3) 의식적으로 몸을 심하게 움직이면 초조감에서 해방될 수 있다.

(4) 손 가까이 있는 조그만 물건들을 만져 보는 것도 좋다.

3) 불안, 초조를 도외시하는 집중법

(1) 자기의 결점이 마음에 걸리면 될 대로 되라는 식의 기분을 가진다.

(2) 충격으로 기분이 흐트러졌을 때는 다른 일을 해 본다.

4) 여가를 유용하게 이용하는 집중법

(1) 하나의 일이 끝나면 그 일에 대해서는 가능한 생각하지 않는다.

(2) 집중도가 높은 일을 한 다음에는 철저하게 논다.

5. 언제 어디서나 할 수 있는 집중법

1) 감각훈련으로 집중력을 단련한다.

(1) 5감 중 의식적으로 하나의 감각에 정신을 집중한다.

(2) 매일 정해진 시간에 주변의 사소한 물건들을 봐 둔다.

(3) 적당한 숫자를 반복하여 세어 본다.

(4) 속독, 암기, 연상 등을 단시간에 하는 습관을 들인다.

(5) 마음을 컨트롤 하는 습관을 들인다.

2) 시간 감각을 이용한 집중법

(1) 같은 시간에 두 가지 일을 하는 것도 도움이 된다.

(2) 하기 싫은 일은 조금씩 시간을 연장해 간다.

(3) 마감 시간을 맞춰 놓고 벨이 울리기 전에 끝나도록 해 본다.

3) 대인관계를 이용한 집중법

(1) 친구들 중 경쟁상대를 만든다.

(2) 자기 목표를 다른 사람에게 공언한다.

(3) 책을 읽을 때 다른 사람에게 얘기 해줘야겠다는 마음으로 읽는다.

Chapter 7

대화 방법론

1
대화 방법론

그저 이야기를 주고받는 것이 이렇게 어려워서 되겠나 싶다. 제대로 할 수 없을 것 같다면 다음에 제시하는 10가지만 하지 않으면, 그래도 커뮤니케이션이 좀 된다고 할 수 있다. 이 10가지를 머릿속에 넣어 두고 자주 연습해보자. 하루아침에 바뀌지는 않겠지만, 조금씩 바뀌면서 정말 괜찮은 사람으로 거듭날 수 있을 것이다.

1. 대꾸 안하기

이것처럼 나쁜 의사소통법이 있을까? 무슨 말을 했는데 대꾸가 없으면 '대답할 가치가 없다' 는 말을 하는 것과 같다. 증거를 남기지 않고 사람 열 받게 하는 기술도 대답을 안 하거나 침묵을 길게 유지한 후 대답하는 것이다. 바로 대답하기 어려운 말이라면 '잠깐만' 이나 곧 대답을 할 것이라는 메시지를 주어야 한다.

2. 감정 무시하기

별 것 아닌 일에도 감정이 많이 상하기도 한다. 감정이 상한 것은 생각하지 않고, 잘못을 따지기만 하는 것은 좋지 않다. 작은 잘못으로 상사에게 꾸중을 듣고 억울함을 호소하는 사람에게 '네가 잘못 했어' 라고 하는 것은 좋은 대화법이 아니다.

3. 상대방의 상태를 간과하기

지금 당연한 과정을 거치고 있더라도 그 과정에 생기는 안 좋은 감정은 공감받고 싶다. '내가 사원 때는 PC도 없어서 밤새워 자 대고 표 그렸어. 요즘 세상 좋아졌지. 뭐 그

정도를 그렇게 힘들어 하나?' 라고 한다면 더 이상 이야기하고 싶지 않아진다.

4. 넘겨짚기

어설프게 공감해준답시고 넘겨짚는 것이다. 명탐정 소리는 들을지 모르지만, 이야기한 사람은 기분이 썩 좋지 않다. '저 오늘 몸살 기운이 좀 있어서' 라고 말했더니 '그래, 오늘 들어가서 푹 쉬어' 라고 한다면 허탈할 수도 있다.

들어가서 쉴 생각은 없고, 그저 자신의 수고를 인정받고 싶어서 한 이야기였을 수도 있다.

5. 비꼬기

차라리 잘못했다고 야단을 치는 것이 나을 것이다. '저 오늘 몸살 기운이 좀 있어서' 라는 말에 '그럼 들어가서 쉬셔야지' 라고 말했다면 같은 말을 해도 듣는 사람의 기분은 하늘과 땅 차이이다.

6. 모르는 척하기

상대방의 상황을 알고 있으면서도 모르는 척하는 것이다. 어려운 사정을 이야기하는 상대방의 입장과 감정을 알면서도 모르는 척하면서 자신이 하고 싶은 이야기를 전달하는 것이다.

7. 흉내 내기

한 말을 반복해주는 것이 공감의 기본 기술이지만 계속 그대로 한 말을 반복하는 것은 듣는 사람이 놀림을 당한다는 느낌을 받게 한다. 그러니 비슷한 말로 바꾸어 공감해주는 연습을 통해 세련된 공감의 기술을 발휘하도록 하자.

8. 말 자르기

말하고 있는데 듣지 않고 말을 자르고 들어와서 하고 싶은 말을 하는 것은 나쁜 의사소

통일 뿐만 아니라 무례한 행동이기도 하다. 말이 끝나기를 기다리거나 말을 끝내 달라는 신호를 보낸 후 이야기를 해야 할 것이다. 말싸움을 하는 것이 아니라면 말 자르기는 의사소통의 끈을 자르는 일이다.

9. 어려운 단어 쓰기

상대방이 못 알아듣는 단어를 사용해 이해를 교란시키는 행동이다. 원래 많이 모르는 사람이 어려운 말로 설명한다고 한다. 깊은 이해가 있는 사람은 전문 용어를 다 풀어서 표현할 수 있다. 일부러 상대방을 압도하기 위해 어려운 단어를 쓰는 일은 '우리 레벨이 달라' 라는 메시지다.

10. 계속 공감만 하기

이야기의 결론을 맺거나 문제를 해결해야 하는 사안에서도 계속 공감만 하고 있다면 문제이다.

'이 옷이 마음에 안 들어서요'

'색깔이 취향에 안 맞으시나 봐요'

'색깔은 마음에 들어요.'

'네, 색깔은 예쁘게 빠졌어요.'

물건을 교환하러 온 고객에게 계속 공감만 해주고 있으면 어쩔 것인가? 문제가 무엇인지 물어 보고, 해결할 것은 해결하고, 직면할 것은 직면해야 할 것이다. 듣는 사람은 말을 빙빙 돌리는 의도를 의심하게 된다.

2

말을 잘하기 위한 기본 요령

말은 그 사람의 얼굴이요 그 인격이기 때문에 진실에 타당한 말이 되도록 늘 조심해야 한다.

말을 잘 하기 위한 기본 요령을 살펴보면 다음과 같다.

1. 음성의 크기는 장소와 환경에 따라서 말하도록 한다.
2. 말은 정확한 발음으로 또렷하게 한다.
3. 바르고 곱게 말을 천천히 한다.
4. 알아듣기 쉬운 말을 쓴다.
5. 표준말을 사용하고 자연스럽게 말한다.
6. 일반적인 대화는 온화하고 부드러운 태도로 말한다.
7. 침착하고 여유 있는 태도로 말한다.
8. 솔직한 태도로 말한다.
9. 내용이 간결하고 정확하게 전달되도록 한다.
10. 목적과 장소에 어울리는 화법으로 쓴다.

3

최강의 나를 만드는 법

현대 사회에서 치열한 경쟁에 살아남기 위해서는 뛰어난 능력을 지녀야 한다.

그런 능력을 갖추지 않았다면 자신을 '능력 있게' 보이는 것이다.

심리학자이자 경영컨설턴트인 나이토 요시히토는 〈나를 능력 있게 보여 주는 자기 연출법〉에서 "머리가 좋고 나쁨은 당신이 세상을 살아가는데 그리 중요하지 않다.

실제로는 머리가 명석하냐 그렇지 않냐에 따라 당신에 대한 평가가 결정되는 것이 아니라 머리가 얼마나 명석해 보이고, 우수해 보이는지에 따라 결정된다."라고 말한다. 따라서 이제 여러분에게 정말로 필요한 것은 자신의 능력을 충분히 내보일 수 있는 '연출력'임을 잊지 마라.

1. 호감을 주려면 눈부터 크게 떠라.

성별을 불문하고 사람들은 큰 눈을 선호한다. 누구나 눈동자가 크고 검은 사람에게 호감을 느낀다. 순정만화 속 주인공들의 눈이 왜 왕방울만 하겠는가?

2. 가능한 한 출입구 쪽에 앉아라.

사무실이나 술자리에서 자리를 자유롭게 선택할 수 있다면 가능한 한 출입구에 가까운 자리를 선택하라.

출입구 근처에 앉으면 존재감이 몇 배나 상승된다.

다른 사람에게 나를 드러낼 수 있는 기회가 그만큼 많아지기 때문이다.

3. 상대방을 내려다보라.

앉아 있는 것보다는 서 있는 것이 훨씬 강하게 어필할 수 있다.
서 있는 자세로 "나는 언제라고 너를 상대할 준비가 되어있다."는 무언의 사인과 함께 공격준비 단계에 있다는 메시지를 전달할 수 있다.

4. 눈을 깜박이지 마라. 눈을 자주 깜박이는 것은 긴장하고 있다는 증거다.

상대가 나의 동요화, 불안감, 긴장감을 눈치 채는 것은 눈을 깜박이기 때문이다.
미국 정치가들은 눈을 깜박거리지 않는다. '깜박이는 것-나약함' 의 공식을 잘 알기 때문이다.

5. 웃지 마라.

인간의 몸 가운데 최고의 무기는 '치아' 다. 웃는다는 것은 나의 최대 무기를 적나라하게 드러내어 '나는 당신에게 적의를 갖고 있지 않다.' 라는 신호를 보내는 것이다. 반대로 웃지 않으면 상대를 심리적으로 압박할 수도 있다. 상대방을 압도하고 싶다면 되도록 웃지 않는 것이 좋다.

6. 시선을 떨어뜨리지 마라. 이점은 반드시 지켜야 할 법칙이다.

대화 중에 시선을 아래로 떨어뜨리는 것은 '이제 당신 마음대로 하세요' 라는 메시지이다.
상대와 눈을 맞추기가 고역이라면 차라리 시선을 위나 옆쪽에 두라.
프리젠테이션을 할 때도 '원고를 절대로 보지 말라.' 고 충고하는 것은 시선이 아래로 떨어지기 때문이다.
청중의 눈에는 그런 발표자가 매우 비굴하고 복종적으로 비춰진다.

7. 상대방이 말할 때 쳐다보지 마라.

계속해서 상대방의 시선에서 눈을 떼지 않는 것은 주의 깊게 경청한다는 뜻이며, '당신 말이 가치가 있다.'는 의미이다. 그런데 상대가 이야기하고 있을 때 적절히 시선을 거두는 기술 또한 중요하다.

"당신의 이야기는 더 이상 들을 필요없다."는 강한 메시지를 전달할 수 있기 때문이다.

8. 분노를 표현할 때는 몸으로만 보여 주라.

예를 들어 술 취한 손님이 분위기를 흘려 좋을 때 바텐더인 당신은 입으로는 정중하게 "다른 손님에게 방해되는 일은 자제해 주십시오"라고 말하면서 몸으로는 분노의 기색(찌푸린 얼굴, 불끈 쥔 주먹, 치켜 올린 눈꼬리, 앙다문 이)을 풍기면 상대를 압도할 수 있다.

9. 강조할 말에 쉼표를 찍어라. "자동차가 시속 100킬로미터로 달려와 어린아이를 치었습니다."보다

"자동차는,(잠시 쉬었다가) 시속 100킬로미터로 달려와 어린아이를 치었습니다."

혹은 "자동차는 시속 100킬로미터로 달려와, (잠시 쉬었다가) 어린아이를 치었습니다."라고 말하는 게 훨씬 효과적이다.

중요한 사실을 강조하기 전에 일단 간격을 두면 상대방이 다음에 오는 중요한 말을 기억 속에 저장하게 된다.

10. 강조어를 활용한다.

'대단히' '확실히' '반드시' 등 확신에 찬 단어를 사용하면 강한 인상과 함께 신뢰감을 준다.

'아마' '다소' '약간' '가능한 한' '~같습니다.'

같은 말은 나약한 인상을 준다. 상사의 지시를 받았을 때, 자신 없는 일이라 해도 상사가 눈치 채지 못하도록 하는 것이 연출력이다.

11. 강한 주장을 보이려면 깍지 낀 손을 보여 주라.비즈니스 상담을 할 때 손동작은 매우 중요하다.

굳게 낀 손에서 상대는 무언의 강한 파워를 느낀다. 상품 설명이나 가격 교섭으로 주장을 펼칠 때 아주 유효하다.

12. 맞장구치지 마라.

비즈니스 협상에서는 상대의 마음을 불편한 상황으로 이끌어야 한다.

지그시 상대를 바라보며 아무런 호응도 하지 않은 채 말없이 듣고 있으면 상대는 심리적으로 매우 불안해져서 의외로 크게 양보할 가능성이 크다.

단, 이 기술은 과용하면 위험 하다. 상대를 지나치게 기분 나쁘게 해선 안되기 때문이다.

13. 입을 크게 벌리고 말하라. 목소리를 크게 할 수 없다면 입을 크게 벌려서 또렷한 발음으로 이야기하라.

입을 크게 벌리면 얼굴 근육이 움직여서 표정이 풍부해진다는 장점도 있다.

14. 음독 훈련을 하라. 독을 마시란 얘기가 아니다.

음독은 소리 내어 읽는 걸 말한다. 일상생활에서 신문이나 잡지, 만화 등을 읽을 때 큰 소리로 읽는 습관을 들이자. 연설을 할 때, 프리젠테이션을 할 때, 상사에게 보고를 할 때, 접대를 할 때 매력적인 목소리와 톤으로 리듬감 있게 대화를 전개해 나갈 수 있다.

15. 왼발부터 내디뎌라.

과학적으로 증명된 것은 아니지만 왼쪽이 앞으로 나가고 오른쪽이 뒤로 물러서면 활력이 생긴다고 한다.

시계방향으로 힘을 축적시키는 의미가 있기 때문이다.

의욕이 없을 때, 의식적으로 왼발부터 앞으로 내디뎌 보라.

16. 파워를 얻으려면 체온부터 높여라.

의욕이 충만해져서 하늘에라도 뛰어오를 듯한 기분이 되는 것은 체온이 상승할 때라고 한다.

정신에너지를 높여 파워를 얻고 싶다면 먼저 체온을 높이자.

가장 좋은 방법은 가벼운 운동을 하는 것이다.

그럴 수 없다면 뜨거운 탕 안에서 목욕을 하고 있다고 상상하자. 이런 자기암시만으로도 체온이 2~3도는 쉽게 상승한다.

17. 앞머리로 이마를 가리지 마라.

이마를 드러내면 지성과 전문성, 신뢰감이 느껴진다고 한다. 표정도 밝게 매력적으로 보인다.

머리숱이 줄어들어도 감추려고 하지 말고 자랑스럽게 드러내 좋을 것.

대체로 이마가 훤한 사람이 성공한다.

Chapter 8

제스처의 사용 원칙

1

제스추어 유형 훈련

한국발표지도자연맹

제스추어의 형태

주장의 제스추어, 부탁의 제스추어, 요구의 제스추어

단결의 제스추어, 분리의 제스추어, 배척의 제스추어

존엄의 제스추어, 감탄의 제스추어, 지시의 제스추어

진압의 제스추어

2

동 · 서양의 인사와 악수하는 법

1. 동 · 서양의 인사

동양식 인사는 기본은 절이다. 허리를 숙이는 각도에 따라 목례(15도), 보통례(30도), 경례(45도) 등으로 나뉜다. 상황에 따라 적절한 방법을 구사하는 것이 예의다.

서양에서의 인사는 보통 악수를 뜻한다. 동양의 절이 존경의 뜻을 담아 상하 구별을 하는 데 의미를 둔다면 서양식 인사는 친근감과 평등의식 공유가 목적이다.

물론 Bow라고 하는 일종의 목례가 있지만 그저 고개를 까닥이는 수준이다. 따라서 바른 악수법을 알아 두는 것이 중요하다.

2. 바른 인사법

인사를 할 때에는 자세를 바로 하고 상대방의 눈을 보며 가벼운 미소를 띠는 것이 기본이다. 발 뒤꿈치를 붙인 뒤 상황에 따라 윗몸을 75~45도 숙인다. 고개만 까닥이지 말고 허리부터 굽히는 것이 예의에 맞다.

양손은 둥글게 쥔 상태로 바지 옆 재봉선 부근에 자연스레 놓는다. 절은 3박자에 맞춰 한다. 첫 박자에는 사선이 되게 허리를 구부리고, 둘째 박자에서 약 1초간 정지한 상태로 '안녕하십니까' 등의 인사말을 한 뒤, 셋째 박자에 몸을 일으킨다. 상황에 맞는 다양한 인사말을 곁들이는 것도 필수다.

허리를 펴는 시간은 3초 정도가 적당하다. 아랫사람의 인사를 받은 윗사람은 반드시 목례를 한다.

3. 상황에 맞는 인사법

1) 출근할 때

아침 인사는 상대보다 먼저 하는 것이 좋다. 명랑하고 힘찬 목소리로 “좋은 아침입니다” 등의 적당한 인사말을 구사한다. 상사나 선배에게는 보통 예를, 동료에게는 목례를 한다.

2) 퇴근할 때

“저 퇴근하겠습니다” “실례합니다” “수고하십시오” 등적절한 인사말을 한다. 자리 뒷정리를 끝낸 뒤 상사가 아직 퇴근하지 않았을 땐 가까이 가 절하고 동료들에게도 친절한 말을 잊지 않는다.

3) 일과 중

“감사합니다” “죄송합니다” 등 그때그때 해야 할 인사는 바빠도 빠뜨리지 않는다. 출장이나 외출을 할 때엔 상사나 동료에게 “다녀오겠습니다” “지금 돌아왔습니다” 등 거취를 설명하는 인사를 한다. 지시 또는 보고 후에도 30도 각도의 인사를 한다.

4) 몸이 불편할 때

병 때문에 외출, 지각을 한 경우 상세한 내용을 보고하고 감사 또는 사죄의 인사를 한다. 결근을 한 다음 날도 출근 즉시 상사에게 사유를 설명하는 인사부터 해야 한다.

5) 상사가 갑자기 나타났을 때

복도 코너나 출입구에서 갑자기 상사와 마주쳤을 땐 놀라는 소리를 내지 않도록 조심한다. 상사 혼자일 때는 걸음을 멈출 필요가 없으며 옆으로 비켜 가볍게 인사한다.

상사가 사외 인사와 함께 인 경우에는 멈춰 서서 정중하게 인사한다. 부부를 만나면 남자와 먼저 악수하는 것이 관습에 맞지만, 상대편 여자가 먼저 요청해 올 경우 그쪽부터 응하는 것이 여성에 대한 예의다.

6) 식당에서

식당에서 상사나 동료와 마주쳤을 때엔 일단 서로 자리를 양보하는 미덕을 보인다. 식사 후에는 의자를 밀어 넣는 등 자리를 간단히 정리하고 "맛있게 드십시오" "저 실례합니다" 등의 인사말을 한다. 큰소리로 떠드는 것은 삼간다.

7) 세면장에서

세면장, 또는 화장실에서 용무 중일 때는 인사를 하지 않는 것이 예의다.

용무를 마친 다음일 땐 목례를 한다.

8) 복도에서

남의 앞을 지날 때는 한쪽으로 조심스레 피해 간다.

상사나 고객과 마주쳤다면 길을 비켜서며 목례를 한다.

4. 잘못된 인사 유형

1) 눈을 보지 않거나 자세가 흐트러진 경우

인사를 하기 전과 후에는 반드시 상대방의 눈을 보아야 한다. 몸만 움직이고 인사말은 생략하는 경우가 많은데, 이 역시 결례다.

고개만 까닥이거나 턱을 높이 쳐든 자세, 고개를 옆으로 숙이는 것, 공손이 지나쳐 비굴해 보이는 인사도 좋지 않다.

2) 잘못된 용어 선택

흔히 "수고하셨습니다."란 인사를 자주 하는데 이는 손윗사람이 아랫사람에게 하는 말이다. 웃어른에게 사용하면 큰 실례가 되니 주의한다.

3) 계단 위쪽에서 손윗사람에게 하는 인사

손윗사람이나 고객이 계단 밑에서 올라오고 있을 땐 벽 쪽으로 비켜선 다음 같은 오른손에 물건을 계단에 도착한 시점에 절해야 한다.

위쪽 계단에서 인사를 하면 들고 있을 때는 빨리 올라오는 사람이 당황하게 된다.

오른손에 물건을 들고 있을 때는 빨리 왼손으로 옮기거나 땅에 내려놓은 뒤 악수를 주고 받는다. 오른손에 물건이 있다 해서 왼손을 내미는 것을 대단히 큰 실례다.

4) 악수할 때의 주의사항

악수는 앵글로색슨계 민족들 사이에서 자연스레 생겨난 인사 방식이다. 남자들이 우호적 관계를 맺고 싶을 때 공격하지 않겠다는 뜻으로 오른손을 내민 것이 유래. 오른손이 곧 무기를 쥐는 손이기 때문이다. 따라서 지금도 악수는 특별한 장애가 없는 한 반드시 오른손으로 하는 것으로 되어 있다.

5) 손 쥐는 법

악수는 우정의 표시인 만큼 너무 느슨하게 쥐면 차가운 느낌을 줄 수 있다, 손가락 끝을 잡거나 스치듯 가볍게 쥐는 것도 실례다.

남자들끼리의 악수일 땐 오히려 적당히 힘을 주는 편이 낫다. 여성일 때는 힘을 약간 뺀다. 손을 너무 오랫동안 쥐고 있지 않도록 주의한다.

6) 손 흔드는 법

상하로 가볍게 흔들되 자신의 어깨보다 높이 올려서는 안 된다. 여자와 악수할 때는 살짝만 움직인다.

7) 시선 처리

눈을 똑바로 본다. 특히 서양인과 악수할 때 시선을 돌리면 비굴하거나 떳떳하지 못한 사람으로 오해 받을 소지가 있다.

8) 앉고 서기

상대가 악수를 청할 때 남성은 반드시 일어서야 한다, 여성은 앉은 채로 악수를 받아도 상관없다.

9) 과장된 행동

악수를 하면서 왼손으로 상대의 손을 맞잡고 굽실거리거나 어깨를 껴안는 등의 행동은 품위 떨어 뜨린다. 또 외국에선 고위 관료가 운전기사에게 악수를 청하는 식의 행동도 사회적 신분이 다른 사람을 무시하는 것으로 받아들일 가능성이 있으므로 주의한다.

10) 악수와 장갑

남성은 악수할 때 장갑을 벗는 것이 격식에 맞다. 특히 여성과 악수할 때는 반드시 벗어야 한다. 다만 갑작스런 만남에서 여성이 손을 내밀 때, 장갑을 벗느라 상대를 기다리게 하는 것보다는 양해를 구한 뒤 장갑을 낀 채 신속하게 대응하는 편이 더 낫다.

여성은 승마장갑이나 청소용 장갑이 아닌 이상 꼭 벗을 필요가 없다.

5. 목례 · 입맞춤 · 포옹

1) 목례(Bow)

서양식 절인 bow, 즉 목례는 상대방에게 가볍게 머리를 숙여 경의를 표하는 동작이다. 여성의 경우 남성에게 악수를 청하지 않는 대신 목례와 미소를 보내는 것도 예의에 어긋나지 않는다.

2) 손에 하는 입맞춤(Kissing hand)

결혼한 여성에 대한 정중한 인사다. 남성이 여성의 손을 잡고 상반신을 굽혀 손등에 가볍게 입술을 댄다.

예전에는 구미 각국에서 널리 행해졌으나 오늘날 영국이나 미국에서는 거의 찾아볼 수 없다. 반면 유럽이나 라틴계 국가의 사교계에선 지금도 자연스러운 에티켓이다.

3) 포옹(Embrace)

라틴계 또는 슬라브계 나라에서는 오랜만에 만난 친척이나 친구 사이일 때 포옹과 함께 양쪽 볼에 입을 맞추는 관습이 있다. 악수보다 훨씬 친밀감 넘치는 표현이다.

자신의 인사법을 원에 써 보세요?

3

나라마다 다른 인사와 악수법

태국의 대표적 인사법 와이(wai, 합장이라는 뜻)는 생활 최고의 규범이자 존경 또는 고마움의 표시다. 상위자가 하위자의 와이에 응할 때엔 양손을 합장하되 머리는 숙이지 않는다. 같은 서열 사이의 인사인 경우에는 양손 끝이 목 근처로 올라오되 코 높이를 넘지 않도록 한다. 서열을 알 수 없을 때도 이 방법을 쓴다. 상위자에 대한 하위자의 인사에선 하위자가 먼저 합장하며 동시에 머리를 숙이는데 이때 손끝은 코 높이까지 올라온다.

포옹과 함께 볼에 입을 맞추는 인식은 라틴계나 슬라브계 민족의 전통적 인사법. 에스키모 족은 서로의 빰을 치는 것이 반갑다는 뜻이고 티베트인들은 자신의 귀를 잡아당기며 혓바닥을 길게 내밀어 친근감을 표시한다. 폴리네시아 인들의 코를 서로 비벼 대는 인사법은 제법 널리 알려져 있다.

악수 방법도 나라마다 조금씩 다르다. 미국인은 손을 힘있게 쥐고 흔들며 손윗사람일 경우 격려의 뜻으로 손아랫사람의 어깨를 두드리기도 한다.

반면 유럽인은 상대적으로 손에 힘을 덜 준다. 같은 유럽 지역이라도 벨기에인은 악수를 밥 먹듯 하는 편이지만 프랑스인은 너무 자주 하는 것을 비문화적이라 여긴다. 중남미 국가에선 여성과 악수할 때 손등에 입을 맞추는 경우가 적지 않다.

1. 상사에 대해

1) 직접 대면할 때에는 성과 직위에 '님' 자를 붙인다.

2) 성명을 모르면 직위에 자만 붙인다.

3) 상사에게 자신을 호칭할 때에는 '저' 또는 성과 직위(직명)를 사용한다(예 : 김부장입니다).

2. 부하 또는 동료직원

1) 하급자나 동료에게는 성과 직위 또는 직함으로 칭한다. (예: 박과장, ○○○씨)
2) 초면이거나 선임자일 때엔 '님' 자를 붙인다.
3) 자신을 칭할 땐 '나' 라고 한다.
4) 부하라도 연장자일 때엔 적절한 예우가 필요하다.

3. 남자 직원이 여자 직원을 부를 때

1) '○○○씨' 로 부르는 것이 좋다. 후배 여직원을 부를 때도 '○○○씨', 직위가 있을 경우엔 성에 직위를 붙여 부른다.

2) 손아래 남자직원이 선배 여직원을 부를 때는 '선배님' 이라는 호칭을 쓴다. 직위가 있으면 직위로 부른다.

4. '씨' 의 바른 사용

1) 동년배 또는 나이 차가 위아래로 10년을 넘지 않을 때 쓴다.
2) 나이가 10세 이상 많을 때에는 '○○○선생님' 이라는 호칭을 쓴다.

5. '형' 의 바른 사용

1) 아래위로 5세 범위 내에서만 사용한다.
2) 다른 사람 앞에서 3인칭으로 쓸 때엔 성에 이름까지 붙여 말한다.
3) 연상의 하급자를 부를 때 사용할 수도 있다.

6. '선생' 의 바른 사용

1) 누구나 존경할 만한 사람이나 처음 만나는 사람, 나이 차가 아주 많은 연장자에게는 '선생님' 이란?

2) 호칭을 쓴다. 동년배나 연하, 연상의 하급자에겐 '선생'이 무난하다.

7. '나'와 '저', '저희'

1) 연하라도 상관일 경우 공식석상에선 '저'라고 칭한다.

2) 조직체 장(長)인 경우 공식 행사나 회의 때는 '저'라는 호칭을 사용한다.

3) 다른 회사에 대해서 자신이 속한 회사를 칭할 때는 '저희 회사'가 맞다.

☞ 경어 사용이나 자리 배정때 염두에 두어야 할 관례상 서열 기준은 다음과 같다.

① 외국인 ② 손님의 친구 중 초면인 사람 ③ 과거 공직에 있던 사람

④ 처음 방문한 사람 ⑤ 가끔 초대 받는 사람 ⑥ 자주 오는 손님 ⑦ 친척

8. 실수하기 쉬운 호칭

1) 상사에 대한 존칭은 호칭에만 붙인다.(예: 사장님실 → 사장실)

2) 본인이 참석한 자리에서 그 지시를 전달할 땐 '님'을 붙인다.(예: 상무님 지시사항을 말씀 드리겠습니다)

3) 문서에는 상관에 대한 존칭을 생략한다.(예: 김부장님 제안 → 김부장 제안)

4

외국인에 대한 호칭과 경칭

1. 이름의 구성

서양인의 이름은 보통 3가지로 구성돼 있다. 맨 앞에 들어가는 것이 크리스천 네임(세례명) 혹은 퍼스널 네임(본명), 중간에 들어가는 것이 미들 네임(제2, 제3의 이름), 마지막 자리가 패밀리 네임(가족의 성)이다.

2. 바른 호칭과 경칭

제대로 된 호칭은 에티켓의 기본 요소다. 자신과 상대편의 나이 위상, 대화 상황에 걸맞은 호칭을 다양하게 구사할 줄 알아야 한다. 먼저 시작할 일은 회사 내 사람 이름, 거래처와 담당자 이름을 정확히 기억하는 것이다.

말을 걸 때 이름을 불러주면 상대방은 당신의 관심과 성의에 남다른 인상을 받을 것이다. 여러번 봤는데도 얼굴이나. 이름을 기억 못하면 무능하고 열의가 부족한 사람이라는 오해를 받을 수 있다.

3. 표기 방법

경우에 따라서는 미들 네임이나 퍼스널 네임을 생략하기도 한다. 영국에선 성 이외의 것은 모두 생략해도 좋다. 미국식은 미들 네임이나 퍼스널 네임, 둘 중 하나만 생략하는 것이다.

4. 일반적인 호칭

미국에선 처음 소개받은 사이라도 바로 이름을 부르는 것이 보통이다. 미스터, 미스 등의 경칭을 계속 사용하면 고지식한 사람, 거리감이 느껴지는 사람으로 치부되기 쉽다. 그렇다고 함부로 아무 이름이나 부를 수는 없는 만큼 기준을 잘 알아두어야 한다. 친구, 직장 동료 등 대등한 위치의 사람이라면 자연스럽게 이름을 부른다. 나이, 지위가 높은 사람이라도 그 쪽에서 'Please call me John(그냥 존이라 부르세요)'이라 말하면 이름으로 부른다. 의사 · 교수 같은 전문 직업인, 정부 고위 관료 등 사회적 지위가 높은 사람에겐 원칙적으로 그에 알맞은 경칭을 사용한다.

'선생' '선생님'이란 존칭을 남발하면 그 의미가 평가 절하돼 존경이 아닌 아첨으로 느껴지기 쉽다. 존경과 정이 담긴 최상의 존칭인 만큼 신중히 가려 쓴다.

5. 일반인에 대한 경칭

미스터(Mr.)는 남자 이름 앞에 붙이는 경칭으로 '미스터 프레지던트'처럼 관직명 앞에 붙여 쓰기도 한다. 의사처럼 공인된 수련과정을 거친 전문직업인이나 인문과학 분야 박사학위 취득자에게는 미스터 대신 닥터(Dr.)를 사용한다. 친한 사이라도 용건이 분명할 땐 '닥터'라 불러주는 것이 좋다. 여성도 예외는 아니다.

6. 영어에도 경의가 있다.

영어에는 우리처럼 반말, 존대말 개념은 없지만 대신 경어체 표현이 있다. 국제매너 전문가 이형철 씨는 저서 『글로벌 에티켓 글로벌 매너』에서 '경어 사용의 요건' 몇 가지를 설명하고 있다.

① Would/Could~로 시작하는 문장을 사용한다.

② 'I wonder if you would~'나 'Do you think you could~' 등 상대의 의사를 묻는 어구를 붙인다.

③ 'Yes' 대신 'Yes, please'를 사용하는 등 문장을 되도록 길게 말한다.

④ 단정적인 표현은 가급적 피한다.

⑤ 예컨대 'shorty' 대신 'not tall' 등 완곡어법을 쓴다.

⑥ 사양, 거절의 말을 할 때는 No라고 하지 말고 거절할 수밖에 없는 상황을 설명한다.

⑦ 반론을 펴기 전에 상대방의 의견을 수용했음을 표시한다.

⑧ 인사말이나 대화 중간에 상대의 이름을 불러준다.

5

달화 통설(達話通說) / 말 잘하는 비결

1. 청(聽) : 들어라.

1) 123법칙을 적용하라.

귀는 두 개요, 입은 하나다. 3분 들을 때, 2번 끄덕이고, 1번 말하라.

귀를 열어 놓아야 정보가 들어온다. 들음은 믿음의 확신을 낳는다. 귀는 여과지다.

들음의 저수지에 지식과 정이 가득 차고 넘칠 때, 만사가 평화롭게 되어진다.

군자는 들음에 도(道)를 청한다. 들음에 실패하면, 만사(萬事)가 난사(難事)가 된다.

인간관계의 철칙은 들음에서의 승리가 성공이 된다.

2. 관(觀) : 바라보라.

1) 바라보는 망(望)은 멀리 보는 자이다.

인간관계를 지금 앞에 놓인 이익만을 가지고 판단하지 마라.

관망하고 기다리며 성숙된 인간관계가 될 때까지, 참고 인내하는 바라보는 관조의 인격이 되라.

씨앗의 가치는 생명이다. 기다림이다. 보호함이다. 믿음이다.

가장 작은 씨앗이 심어져서 바라는 소망 가운데 싹이 나서 100배의 열매가 맺혀지고, 그 다음 다시 심겨져서 또 뿌려지고, 그래서 수천 배가 거둬질 때, 바라는 마음의 결실을 그 때 얻게 된다.

바라고 참으며 믿으며 견디는 사랑의 바램이 온 세상을 풍요롭게 한다.

미래경영은 바라는 마음(소망)으로 바라보는(觀) 것이다.

3. 묵(默) : 침묵은 생명을 낳는다.

1) 침묵은 만 마디의 말보다 낫다.(默不如萬言)

아무 말 하지 않고 순종할 때, 기적이 일어난다. 수많은 말들이 난무하는 시대!

수천 개, 만개의 말하는 입들 가운데 그 가운데 아무 말 없이 묵묵히 자기의 사명대로 살아가 주어진 여건에 최선을 다하는 사람!

세상의 수많은 말들 앞에 서서, 아무 말 없이 행함으로 세상을 움직인다.

큰 항아리가 되어 그 말들을 오히려 품어 안아 주고 공명(空鳴)되어 크게 들리게 만들어 준다.

그 말들이 결실되어 생명으로 잉태된다. 말(言)을 열매 맺게 하는 것은, 침묵이다.

말없이 신뢰하고, 행함으로 보증 되어 줄 때, 그 말들이 생명을 얻게 된다.

현인은 말 한마디에 행함으로 증명되어 준다. 그 말이 생명을 얻게 되는 순간이다.

4. 긍(肯) : 즐겨라.

1) 긍정(肯定)! 그렇다고 인정하라.

긍(肯)자의 해(解)자를 보면, 그칠 지(止)와 몸 육(月->肉)이 합쳐진 글자다.

일을 잠시 멈추고 피곤한 몸을 쉬게 하니 "즐겁다"는 의미다.

수긍(首肯)! 고개를 끄덕이며 인정하는 모습이다. 그것은 말을 듣는 자의 인격을 나타낸다.

긍(肯)! 그 것은 합의(合意)를 말한다.

상대방의 말을 즐기며 뜻을 같이하며 그 일에 동의를 나타낼 때, 그 영혼의 심장을 당신은 갖게 된다.

신(神)의 말씀에 귀를 기울이며 고개를 끄덕이며 동의하고 순종할 때, 긍낙(肯諾)! 승낙을 얻으리라.

신의 손은 포크레인 손이기 때문이다.

사람들의 말에 귀를 기울이고 그 말들의 언어를 즐겨라. "삶의 발굽"에 편자가 되어 줄 것이다.

5. 소(笑) : 미소를 지어라.

1) 한 번의 미소는 버려진 인생을 다시 일어서게 한다.

격려의 손길이 되어라. 어깨동무의 동반이 되어라. 웃음으로 듣고 웃음으로 격려하라.

작은 아이의 아장아장 걸음걸음의 배려와 귀 기울임이 평생의 믿음과 신뢰가 된다.

가만히 들어 주며 등 만져 주고 미소로 격려할 대, 우리는 "신뢰라는 힘"의 위대함을 알게 된다.

한 번 웃어 주고, 열 번 웃어 줄 때마다, 작 이들의 희망의 포물선을 더욱 높아져 간다.

가르치는 일도, 베푸는 일도 큰일이지만, 웃어 주고 배려할 때, 온 세계는 밝아지고 희락의 기름이 넘친다.

6. 감사하다는 말은 '기적의 언어' 다

1) 감사하다는 말은 '기적의 언어' 다

말하면 기운이 생긴다. 들으면 용기가 솟는다.

나 자신도 날마다 아침부터 밤까지 '감사합니다.' '감사합니다.' 라고 계속 말하고 있다.

외국에 갔을 때도 '감사합니다' 라는 말만큼은 그 나라 말로 전하려고 한다.

'생큐' '메르시' '당케' '그라시아스' '스파시바' '셰셰'.

그 말을, 마음을 담아 확실히 상대의 눈을 보면서 말하고 있다고 생각한다.

'감사합니다.' 를 말할 때와 들을 때, 사람은 마음의 갑옷을 벗어 버린다.

사람과 사람이 깊은 곳에서 서로 통하게 된다. '감사합니다.' 가 비폭력의 진수이다.

'감사합니다.' 속에는 상대에 대한 경의가 있다. 겸허함이 있다.

인생에 대한 커다란 긍정이 있다. 진취적인 낙관주의가 있다. 강함이 있다.

'감사합니다.' 라고 자연스럽게 말할 수 있는 마음은 건강하다.

그러므로 '감사합니다.' 를 말할 때마다 당신의 마음은 빛이 난다. 몸에도 생명력이 샘솟는다.

자신이 얼마나 많은 사람이나 사물에 도움을 받고 살아가는가를 감사하게 생각하는 그런 자각과 감사와 기쁨이 더욱 행복을 부른다, '행복해서 감사하다' 라기 보다는 '감사하기 때문에 행복해진다' 이다.

'기원' 도 감사의 마음으로 하는 기원만이 대우주의 리듬과 가장 합치하여 인생을 좋은 방향으로 바꾼다.

'감사합니다.' 라고 말할 수 없을 때, 사람의 성장은 멈춰 있다.

성장하고 있을 때, 사람은 타인의 훌륭함이 보이기 때문이다.

성장이 멈추면 남의 결점만이 눈에 들어오기 때문이다.

6

"화"를 다스리는 호흡법

여러분!

스피치에 있어 호흡은 대단히 중요한 것입니다.

단전복식호흡훈련 하실 때 긍정적인 자기암시와 아래의 내용들을 생각하면서 꾸준하게 훈련하면 어떻까요?

1. "화"를 다스리는 호흡법

1) 화가 난 사람을 생각하며 숨을 깊이 들이쉰다.
그 사람의 고통을 눈으로 보면서 숨을 내쉰다.

2) 화로 이해 나와 타인이 입은 상처를 생각하면서 숨을 들이쉰다.
행복을 파괴하는 화를 생각하면서 숨을 내쉰다.

3) 내 몸 안의 화의 뿌리를 보면서 숨을 들이쉰다.
내 마음속의 화의 뿌리를 보면서 숨을 내쉰다.

4) 그릇된 판단과 무지에 들어있는 고통의 뿌리를 보면서 숨을 들이쉰다.
그릇된 판단과 무지에서 미소를 지어주면서 숨을 내쉰다.

5) 화가 난 사람의 고통을 지긋이 바라보면서 숨을 들이 쉰다.
화로 고통당하는 사람에게 연민을 느끼면서 숨을 내쉰다.

6) 화가 난 사람의 딱한 처지와 불행을 보면서 숨을 들이쉰다.
그 불행의 원인을 이해하면서 숨을 내쉰다.

7) 화의 불길에 휩싸인 나를 바라보면서 숨을 들이쉰다.
그 불행에 휩싸인 자신을 연민하면서 숨을 내쉰다.

8) 화는 나를 추하게 만든다는 것을 깨달으면서 숨을 들이쉰다.
내 모습이 추하게 된 것은 순전히 나 때문이라는 것을 깨달으면서 숨을 내쉰다.

9) 화가 났을 때 나는 집에 불을 지르는 것과 같다는 것을 깨달으면서 숨을 들이쉰다.
화를 보살피고 자신에게로 돌아가면서 숨을 내쉰다.

10) 화가 난 사람을 돕는다고 생각하면서 숨을 들이쉰다.
내게는 화가 난 사람을 도울 능력이 있다는 것을 깨달으면서 숨을 내쉰다.

7
사과하는 법

1. 사과는 반드시 얼굴을 마주 보면서 해라.

사과는 직접 만나서 하는 것이 좋다. 싸운 뒤 서로 감정이 좋지 않은 상태에서 전화나 메신저를 통해 사과를 하게 되면 자신의 진심을 충분히 전달할 수 없어 오히려 싸움을 더 키우는 경우도 적지 않다.

싸운 뒤 만나는 것이 어색하다고 생각하는 사람도 있겠지만 오히려 직접 마주 본 상태에서 이야기하는 것이 더욱 편안하고 자연스러운 분위기를 만드는데 도움이 된다는 것을 기억해야 한다.

2. 상대방 기분에 철저히 맞춰 줘라.

사과의 궁극적인 목적은 상대방의 상한 마음을 풀어 주는 것이다.

사과를 할 때는 먼저 상대방의 기분이 지금도 화가 나 있는지 살펴야 한다.

아직 화가 난 상태라면 상대방의 감정을 상하게 하는 말들은 삼가고 상대방이 좋아할 만한 말들을 적절히 골라 사용해야 한다.

3. 사과보다 상대방의 말을 듣는 것이 먼저 다.

무작정 사과부터 하는 것은 효과적이지 않다.

상대방이 왜 화가 났는지 어떤 점이 불만인지 말하게 하고 이를 귀담아 들어야 한다. 이런 과정을 통해서 상대방은 화를 어느 정도 풀 수 있고 자신도 어떤 점을 사과해야 하는지 정확하게 알 수 있다.

4. 사과는 타이밍이다.

사과를 하는데도 적절한 타이밍은 아주 중요하다.

잘못을 저지른 뒤 가급적 빠른 시간 안에 사과를 하는 것이 좋다.

그러나 서로 기분이 상하고 난 뒤 바로 그 자리에서 사과하는 것은 오히려 진심으로 미안한 마음이 없는 것처럼 보이기 쉽다. 싸우고 난 뒤 서로 어느 정도 화가 가라앉을 때쯤 사과를 하는 것이 좋다.

5. 자신이 무엇을 잘못했는지 확실하게 알아야 한다.

자신이 무엇을 잘못했는지도 모르면서 하는 사과만큼 상대방의 마음을 상하게 하는 것은 없다. 연인 사이라면 특히 더 조심해야 한다.

여성은 자신이 어떤 점 때문에 화가 났는지 상대방이 알고 있는 것을 매우 중요하게 생각한다.

남성이 여성에게 사과의 의미로 꽃을 보내는 것은 좋은 방법이지만 만약 자신의 잘못이 무엇인지도 모르고 무조건 사과부터 하자는 마음이었다면 여성은 이 꽃을 쓰레기통에 버릴 수도 있다.

6. 만나기 힘들다면 사과는 편지로.

만나서 사과를 하는 것이 가장 좋지만 만나기 힘든 상황이라면 편지로 사과를 하는 것이 가장 좋다.

진심이 담긴 편지는 상대방의 마음을 움직인다. 사과를 할 때 가장 적절하지 않은 방법은 문자메시지다.

성의가 없어 보이기 때문에 오히려 상대방의 마음을 상하게 할 수 있다.

7. 사과는 여러 번 하면 좋다? NO!

반복된 사과는 진실성이 떨어뜨리는 역효과를 불러 올 수 있다.

상대방이 자신을 진실성 없는 사과를 하는 사람이라고 인식하면 앞으로도 자신이 한 사과를 잘 받아 주지 않기 때문에 주의할 필요가 있다.

8. 부모도 자녀에게 사과해야 한다.

부모와 자녀는 서로 사과를 잘 하지 않고 넘어가는 경향이 있지만 부모와 자녀 사이의 솔직한 대화는 많을수록 좋다. 특히 부모들은 사소한 잘못을 저질렀다고 해도 아이들에게 진심을 사과하는 모습을 보여 주어야 한다. 부모의 솔직한 모습은 자녀들에게 좋은 영향을 주기 때문이다.

9. 자녀도 부모에게 사과해야 한다.

어린 자녀들은 대부분 자신이 저지른 잘못을 잘 알지 못하고 말로만 사과를 하는 경우가 많다.

그러나 자녀들도 자신의 잘못을 솔직하게 인정할 필요가 있다.

오히려 먼저 자신의 잘못을 솔직히 인정하고 부모에게 사과하면 부모는 자녀를 더욱 신뢰하게 된다.

10. 지는 것이 이기는 것이다.

계속 '네가 잘못했다, 내가 잘못했다' 싸우는 것은 서로의 인간관계에 도움이 되지 않는다.

누구의 잘못인지 따지기에 앞서 자신의 먼저 잘못을 인정하고 사과하는 것이 서로의 관계를 더욱 발전시킬 수 있는 길이라는 것을 명심해야 한다.

8

언제나 웃을 수 있는 방법

1. 힘차게 웃으며 하루를 시작하라. 활기찬 하루가 펼쳐진다.
2. 세수할 때 거울을 보고 미소를 지어라. 거울 속의 사람도 나에게 미소를 보낸다.
3. 밥을 그냥 먹지 말라. 웃으며 먹고 나면 피가 되고 살이 된다.
4. 모르는 사람에게도 미소를 보여라. 마음이 열리고 기쁨이 넘친다.
5. 웃으며 출근하고 웃으며 퇴근하라. 그 안에 행복이 들어있다.
6. 만나는 사람마다 웃으며 대하라. 인기인 1위가 된다.
7. 꽃을 그냥 보지 말라. 꽃처럼 웃으며 감상하라.
8. 남을 웃겨라. 내가 있는 곳이 웃음천국이 된다.
9. 결혼식에서 떠들지 말고 큰 소리로 웃어라. 그것이 축하의 표시이다.
   (식 진행중엔 참자..^^)
10. 신랑신부는 식이 끝날 때까지 웃어라. 새로운 출발이 기쁨으로 충만해진다.
    (첫딸순산^^)
11. 집에 들어올 때 웃어라. 행복한 가정이 꽃피게 된다.
12. 사랑을 고백할 때 웃으면서 하라. 틀림없이 점수가 올라간다.
    (심각한 상황일 땐 빼고…)
13. 화장실은 근심을 날려보내는 곳이다. 웃으면 근심걱정 모두 날아간다.
14. 웃으면서 물건을 팔라. 하나 살 것 두 개를 사게 된다.
15. 물건을 살 때 웃으면서 사라. 서비스가 달라진다.
16. 돈을 빌릴 때 웃으면서 말하라. 웃는 얼굴에 침 뱉지 못한다.
    (안 빌리면 좋겠지만…)
17. 옛날 웃었던 일을 회상하며 웃어라. 웃음의 양이 배로 늘어난다.
18. 실수했던 일을 떠올려라. 기쁨이 샘솟고 웃음이 절로 난다.

19. 웃기는 책을 그냥 읽지 말라. 웃으면서 읽어 보라.

20. 도둑이 들어와도 두려워 말고 웃어라. 도둑이 놀라서 도망친다.

21. 웃기는 개그맨처럼 행동해 보라. 어디서나 환영받는다. (가끔은 푼수대접도…^^)

22. 비디오 웃기는 것을 선택하라. 웃음 전문가가 된다.

23. 화날 때 화내는 것은 누구나 한다. 화가 나도 웃으면 화가 복이 된다..

24. 우울할 때 웃어라. 우울증도 웃음 앞에서는 맥을 쓰지 못한다.

25. 힘들 때 웃어라. 모르던 힘이 저절로 생겨난다.

26. 웃는 사진을 걸어 놓고 수시로 바라보라. 웃음이 절로 난다.

27. 웃음노트를 만들고 웃겼던 일 웃었던 일을 기록하라. 웃음도 학습이다.

28. 시간을 정해 놓고 웃어라. 그리고 시간을 점점 늘여라.

29. 만나는 사람을 죽은 부모 살아온 것 같이 대하라. 기쁨과 감사함이 충만해진다.

30. 속상하게 하는 뉴스를 보지 말라. 그것은 웃음의 적이다.
(이건 쬐끔… 애매하니 좋으실 때로…)

31. 회의할 때 먼저 웃고 시작하라. 아이디어가 섬솟는다.

32. 오래 살려면 웃어라. 1분 웃으면 이틀을 더 산다.

33. 돈을 벌려면 웃어라. 5분간 웃을 때 5백만원 상당의 엔돌핀이 몸에서 생산된다.

34. 죽을 때도 웃어라. 천국의 문은 저절로 열리게 된다.

9

웃는 얼굴과 스마일 호흡법

잘 웃지 않은 무표정한 얼굴을 관찰해 보면 입 주위 근육이 굳어 있어 웃는 모습이 어색하기 짝이 없다. 그러면 어떻게 해야 입 주위의 근육이 부드러워질까.

웃는 얼굴도 근육으로 이루어져 있으므로 몸의 근육을 움직인다는 의미에서는 스포츠와 비슷하다고 생각하면 된다.

즉 웃는 얼굴을 위해 얼굴 근육을 단련시키는 것이다.

아침에 잠자리에서 일어나면 신체의 단련을 위해 운동을 하듯 웃는 얼굴을 위해서도 입꼬리 주위 의 근육을 잠에서 깨워 운동으로 단련시켜야 한다.

지금부터 '웃는 얼굴을 만들기 위한 근육 운동'이 결코 어렵거나 귀찮은 일이 아니다. 웃는 얼굴이 아름다운 사람이 되고 싶다는 신념만 있으면 OK. 당신은 1분에 숨을 들이쉬고 내쉬는 것을 몇 번이나 반복하는가.

인간은 1분에 네 번 호흡을 하게 되면 거의 120세까지 같은 모습으로 살 수 있다는 주장이 있다.

이렇게 숨을 들이쉬고 내쉬기를 네 번 반복하는 것을 네 번 호흡법이라고 한다.

또한 내쉬는 숨은 장수의 삶이고 들이쉬는 숨은 빨리 죽는 삶이라고 한다. 인간이 슬퍼서 흐느낄 때 숨을 들이쉬기만 하는 것을 보면 일리가 있는 것 같다.

어찌 됐건 웃는 얼굴을 효과적으로 개발하기 위해서는 내쉬는 호흡법을 응용해야 한다.

'하하하' 하고 웃어 보라. 역시 숨을 내쉬게 될 것이다.

얼굴 근육 운동을 할 때도 웃는 얼굴의 효과를 최대한 올리기 위해서 스마일 호흡법이 필요하다.

스포츠를 잘하는 사람은 호흡법에 대해서도 잘 알고 있다. 웃는 얼굴도 몸의 근육을 움직인 다는 의미에서 스포츠와 비슷하다.

멋지게 웃는 얼굴을 자유자재로 연출하기 위해서는 호흡이 제대로 이뤄져야 한다.

가장 부드럽고 멋지게 웃는 얼굴을 만들 때는 숨을 내쉰다. 천천히 조용히 내쉬면서 미소 짓는 것이 최고다. 숨을 내쉴 때는 몸의 긴장이 풀려서 근육도 부드러워지므로 그만큼 멋지게 웃는 얼굴을 만들기 쉽다. 반대로 숨을 들이쉬거나 숨을 멈춘 채로 미소 지으면 어딘가 표정도 어색하고 몸도 움직이기 곤란하다. 야구나 골프에서 볼을 칠 때는 숨을 내쉬면서 스윙하는 것이 철칙이다.

웃을 때도 똑같은 철칙을 적용하라.

웃는 연습을 위한 근육운동을 할 때나 손으로 입 고리를 치켜 올리는 동작을 할 때도 반드시 숨을 내쉬면서 하도록 하라.

조금만 익숙해지면 미소 지을 때 언제나 숨을 내쉬는 습관이 몸에 배게 된다.

10

웃는 근육운동을 위한 발성

운동을 할 때도 효과를 올리기 위해서 워밍업이 필요하다.

웃는 얼굴을 만드는 연습에서는 입 언저리의 근육을 부드럽게 하기 위해 다음과 같이 발성 연습을 해 보자.부드러운 입매를 연출하기 위해 제일 먼저 '하, 히, 후, 헤, 호' 연습을 해 보자.

기존 입 주위 근육운동은 '아, 에, 이, 오, 우'로 많이 했지만 '아' 대신 '하' 발음을 이용하면 훨씬 운동 폭이 강해진다.

사람들의 웃음소리가 주로 '하하하', '히히히', '후후후', '헤헤헤', '호호호' 이므로 이렇게 연습하면 보다 실제적이다. 하하, 후후, 호호는 품위 있는 웃음소리다.

하지만 히히, 헤헤는 그 반대이므로 이런 웃음소리는 내지 않는 것이 좋다. 하지만 입꼬리 올려 주기 근육운동에는 꼭 필요한 소리이므로 주의 깊게 발음해 보자.

♥ 하루에 네다섯 번 정도 해주는 것이 좋다.

안면 운동을 할 때 가장 염두에 두어야 할 점은 평상시에 잘 사용하지 않는 근육을 움직여 주는 것이다.

또 마음을 편안하게 가져 스트레스 없는 상태에서 하는 것이 좋다.

입 꼬리가 처진 사람은 그림과 같은 근육운동을 화장 전이나 목욕 중, 또는 생각날 때마다 해 본다.

근육운동을 해서 입 주위가 얼얼한 느낌이 들면 정확하게 따라 했다는 증거이고 입 언저리 근육 운동에 성공한 셈이다.

언제든지 생각날 때마다 해 보면 당신의 얼굴 표정은 한결 부드러워 질 것이다.

1) ‘하’ 소리내기

큰소리로 ‘하’, ‘하’하고 두 번 소리를 낸다. 턱이 움직일 정도로 될 수 있는 한 크게 입을 벌려 소리를 낸다.

2) ‘히’ 소리내기

큰소리로 분명하게 ‘히’, ‘히’하고 두 번 소리 낸다. 입 꼬리를 한 일자로 좌우로 힘껏 당기고 입술의 근육을 긴장시킨다.

3) ‘후’ 소리내기

큰소리로 분명하게 ‘후’, ‘후’하고 두 번 소리 낸다. 입 꼬리를 약간 긴장시키는 것처럼 입술을 가볍게 앞으로 내밀고 소리 낸다. 생일케이크 촛불 끌 때 입모양을 생각하면 된다.

4) ‘헤’ 소리내기

큰소리로 분명하게 ‘헤’, ‘헤’하고 두 번 소리 낸다. 입 꼬리를 의식하고 힘을 넣어 위로 올리는 것처럼 한다.

5) ‘호’ 소리내기

큰소리로 분명하게 ‘호’, ‘호’하고 두 번 소리 낸다. 입술을 뾰쪽하게 내밀고 입에 알사탕을 넣었다는 기분으로 한다.

6. 깜짝 놀란 표정 짓기

입술을 오므린 뒤 눈을 크게 떠 깜짝 놀랐을 때의 표정을 짓는다. 이때 양 손으로 볼과 목 뒤를 가볍게 서너 번 두드린다.

7. 좌우로 삐쭉삐쭉

입술을 오므려 앞으로 쭉 내밀고 좌우로 움직인다. 5~6회 계속하면 입 주위와 볼 근육이 움직이는 것을 느낄 수 있다.

8) 한쪽으로 당기기

입술을 한쪽으로 힘껏 끌어당기고 어금니를 꽉 깨문다.
좌우로 삐쭉거릴 때와는 근육이 움직인다는 것을 알 수 있다. 좌우 번갈아 5-6회 반복한다.

9) 좌우로 당기기

아래 입술과 윗입술을 동시에 힘껏 양 옆으로 끌어당겨 위, 아랫니를 깨물 듯이 힘을 준다. 마찬가지로 5~6회 해준다.

10) 입 벌려 하늘보기

크게 입을 벌리면서 목을 천천히 뒤로 젖힌다. 목덜미의 피로가 풀리고 전신에 활력을 준다. 마지막 단계로 반드시 해주면 좋다.

11) 아름다운 입술을 위한 근육운동

관상학에서 육체를 상징하는 입술은 눈과 함께 나란히 주목도가 높은 곳이다.

입술도 그냥 내버려 두면 입술의 근육이 점점 탄력을 잃게 되어 아름다운 입술의 매력을 잃어버리고 만다. 매일 구륜 근을 단련시키면 입 언저리의 주름도 방지하고 매력적인 입매를 만들 뿐 아니라 입 꼬리의 모양을 단정하게 하는 효과가 있다.

12) 입 꼬리 누르기

두 집게 손가락과 가운데 손가락으로 입 꼬리를 누르고 입술을 앞으로 내민다. 입 꼬리가 느슨해지는 것을 방지한다.

13) 볼 당기기

입술을 긴장을 풀고 다문 채로 두 손을 볼에 대고 가볍게 귀 방향으로 끌어 올려 주듯 당긴다.

14) 볼 당겨 '후후' 소리내기

손은 '볼 당기기' 상태대로 손의 힘을 빼지 말고 '후', '후' 하고 몇 번 더 되풀이하여 소리 낸다.

15) 웃는 얼굴의 크기

웃는 얼굴은 입을 벌리기에 따라서 작게 웃는 얼굴, 보통으로 웃는 얼굴, 크게 웃는 얼굴의 3단계로 나누어진다.

그런데 어떤 사람은 작게 웃는 얼굴이 아름다운가 하면 어떤 사람은 활짝 크게 웃는 얼굴이 멋진 사람이 있다.

11

웃는 모습의 평가

'급 방긋'은 비호감, 천천히 웃어야 매력적

신생아는 6~8주 사이에 웃기 시작한다. 어린 시절에는 남자 아이들도 여자 아이 만큼 많이 웃지만 사춘기를 거치면서 남자는 웃음을 잃는다.

그리고 어른들의 미소는 여러 종류로 분화된다. 가령 모나리자의 미소는 신비하다. 배트맨의 적수 조커가 짓는 미소는 불쾌하다. 부처의 미소는 행복감을 준다.

보통 잘 웃는 사람이 매력적이고 친절한 사람으로 평가되지만, 모든 미소가 그런 긍정적 효과를 내는 것은 아니다.

최근 영국 카디프 대학교의 심리학 교수 에바 크럼허버 등이 학술지 '비언어 행위 저널(Journal of Nonverbal Behavior)'에 발표한 논문에 따르면, 미소를 만들어 내는 속도가 미소의 효과를 판가름하는 중요한 요소이다.

실험은 남녀 동수 총 1백 명의 대상으로 진행되었다. 미소가 0.5 초 이상의 시간에 걸쳐 나타나는 사람과 그 보다 빠른 사람으로 전체를 구분했을 때, 천천히 미소를 띠는 이들이 훨씬 진실해 보이고 매력적인 것으로 평가를 받았다. 또한 빨리 웃으면 상대에게 지배 혹은 우위의 느낌을 주게 된다.

조커의 미소는 '급조된 미소' 즉 '급 방긋'이고 모나리자의 경우에는 얼굴에 천천히 미소가 퍼진다고 할 수 있다.

한편 고개의 각도도 미소의 매력도를 결정하는 데 오른쪽으로 살짝 기울여야 미소가 진실해 보인다.

그런데 미소의 속도를 감지하는 데 남녀 차이가 있다. 여자는 천천히 퍼지는 미소와 급속 미소를 구분하지만 남성은 그 차이에 둔감한 것으로 나타났다.

※ 당신의 외모 만족하세요? (자신 있는 부분을 글로 나타내 보세요.)

12

호감을 주는 스마일 라인

1. '하회 탈 입매' 만들기

1) 거울 앞에서 양손의 검지 끝으로 양 입 꼬리 좌우를 지그시 누른다.
2) 지그시 누른 상태에서 입 꼬리를 15도 정도 위쪽 방향으로 올려 준다.
3) 마음속으로 다섯을 센 후 손가락을 뗀다.
4) 입매 근육이 형상을 기억하여 스마일 라인을 유지하게 된다.

하회탈의 웃는 눈매는 아래로 향하는 스마일 라인이다. 하회 탈 눈매를 '이미지화' 하면 쉽게 연습할 수 있다. 단 눈매만을 내려 주는 훈련은 거의 불가능하다.

지금 당장 눈웃음만 지어 보라. 입매도 동시에 위쪽으로 움직이려 할 것이다.

따라서 눈매 훈련은 입매 훈련과 동시에 해야 효과적이다.

2. '하회 탈 눈매와 입매' 만들기

1) 양손을 펴서 손바닥이 마주 보도록 향하게 한다.
2) 양손의 검지 끝으로 양 눈매를 지그시 누르는 느낌으로 15도 가량 아래로 내린다.
3) 이 상태에서 엄지손가락 끝부분을 입매에 대고 15도 가량 위쪽 방향으로 지그시 누르는 느낌으로 올려 준다. (이때 양손의 엄지와 검지는 광대뼈를 살짝 쥐는 모양새다).
4) 마음속으로 다섯을 센 후 손가락을 뗀다.
5) 입매와 눈매 근육이 형상을 기억하여 스마일 라인을 유지하게 된다.

좋은 표정을 만드는 훈련을, 거울 앞에서 하루에 5분씩 2개월만 지속적으로 연습하라. 그리고 생활 속에서 미소 짓는 것을 습관화하라. 그러면 당신의 얼굴에 기적이 일어날 것이다!

13

행복한 사람들의 웃음 십계명

1. 크게 웃어라

크게 웃는 웃음은 최고의 운동법이며 매일 1분 동안 웃으면 8일 더 오래 산다.
크게 웃을수록 더 큰 자신감을 만들어 준다.

2. 억지로라도 웃어라

병은 무서워서 도망간다.

3. 일어나자마자 웃어라

아침에 첫 번째 웃는 웃음이 보약중의 보약이다.
3대가 건강하게 되며 보약 10첩보다 낫다.

4. 시간을 정해놓고 웃어라

병원과는 영원히 바이 바이(bye bye)다.

5. 마음까지 웃어라

얼굴표정보다 마음표정이 더 중요하다.

6. 즐거운 생각을 하며 웃어라

즐거운 웃음은 즐거운 일을 창조 한다.
웃으면 복이 오고 웃으면 웃을 일이 생긴다.

7. 함께 웃어라

혼자 웃는 것보다 33배 이상 효과가 좋다.

8. 힘들 때 더 웃어라

진정한 웃음은 힘들 때 웃는 것이다

9. 한 번 웃고 또 웃어라

웃지 않고 하루를 보낸 사람은 그 날을 낭비한 것이나 마찬가지다

10. 꿈을 이뤘을 때를 상상하며 웃어라

꿈과 웃음은 한집에 산다.

14

칭찬 예찬

1) 칭찬을 받으면 바보도 천재로 바뀌어 진다

2) 칭찬을 하면 칭찬 받을 일을 하고, 비난을 하면 비난받을 짓을 한다.
사람을 바꾸는 유일한 방법은 칭찬 밖에 없다.

3) 이 세상에는 외상이나 공짜가 없다.
칭찬을 하면 칭찬이 돌아오고, 원망을 하면 원망이 돌아온다.

4) 칭찬 노트를 만들어라. 남의 칭찬이나 자신의 칭찬이든 칭찬거리가 생각나면 바로 노트에 기록하라,
이 노트가 기적을 창출한다.

5) 돈을 주면 순간의 기쁨이 만들어지지만 칭찬은 평생의 기쁨을 안겨 준다.
칭찬하고 또 칭찬하라.

(6) 누구나 본인도 모르는 장점이 있다. 그 부분을 찾아 칭찬해보자.
그 기쁨과 감동은 무엇과도 비교되지 않는다.

7) 칭찬을 주고 받는 사회는 성공한다.
칭찬은 상승효과를 만들어 살 맛 나는 세상을 만들어 준다.

8) 욕을 먹어도 변명하거나 얼굴을 붉히지 말라.
그가 한 욕은 내가 먹는 것이 아니라 그에게로 돌아간다.

9) 이 세상은 발전하지 않으면 붕괴된다. 돈이 많다고 발전하는 것이 아니라.
칭찬을 통하여 변화되어 승리를 안겨 주는 것이다.

10) 만날 때 칭찬하고 헤어질 때 칭찬하라.
모두가 애타게 바라는 즐겁고 신나는 세상은 그렇게 해서 만들어 지는 것이다.

11) 운동선수에게는 응원의 목소리가 승리를 안겨 준다.
그 외의 사람에게는 칭찬의 소리가 응원가로 들리게 된다.

12) 살다 보면 미운 사람이 생기게 마련이다. 미운 사람에게 칭찬의 떡 하나 더 줘라.
미운 사람에게 칭찬의 떡 하나 더 줘라. 미운 사람에게 칭찬의 떡 하나 더 줘라.

13) 선물을 하는 데는 많은 비용이 들어간다.
그러나 칭찬은 1원도 들이지 않고 선물보다 더 큰 감동을 주게 된다.

14) 99개의 약점이 있는 사람도 1개의 장점은 있게 마련이다.
1개만 바라보고 칭찬하라. 그것이 자라나면 장점만의 사람으로 변신한다.

15) 칭찬은 적군을 아군으로 만들고 원수도 은인으로 만든다.
나에게 적이 많은 것도 알고 보면 칭찬을 않기 때문이다.

16) 부자가 되고 싶으면 칭찬하는 노력을 먼저 하라.
칭찬은 보물찾기와 같아 보물은 많이 찾는 사람이 최고의 부자다.

17) 칭찬은 사랑하는 마음의 결정체이고 비난은 원망하는 마음의 결정체다.
칭찬을 하고 나면 기분이 좋고 비난을 하고 나면 기분이 언짢은 것도 그 때문이다.

18) 고객 만족, 고객 감동이 아니면 기업은 쓰러진다.

칭찬은 이 두 가지를 모두 만족시키고도 남는 위대한 덕목이다.

19) 목마른 사람에게 물을 주는 것이 사랑이다.

칭찬에 목마른 사람에게 칭찬을 해주어라. 그처럼 큰 사랑도 없다.

20) 해가 뜨면 별이 보이지 않듯 칭찬이 늘어나면 원망도 없어진다.

불행 끝 행복 시작이 눈앞에 펼쳐지는 것이다.

21) 10점을 맞다가 20점을 맞는 것은 대단한 향상이다.

잘하는 것만 바라보며 칭찬하면 끝내는 100점이 되어 버린다.

22) 칭찬은 아름다운 마음의 표현이다. 아름다운 마음이 아름다운 얼굴을 만든다.

화장을 하려 말고 칭찬을 먼저 하라.

23) 자기를 칭찬하는 사람만이 남을 칭찬할 수 있다. 먼저 자신을 칭찬하라.

칭찬에 숙달된 조교가 성공적인 삶을 만들게 된다.

24) 남의 약점은 보지도 듣지도 말하지도 말라.

약점을 찾는 열성당원은 어둠의 노예가 된다.

25) 사람에게는 무한 능력이 숨어 있다.

처마 밑의 주춧돌이 빗방울에 의해 홈이 파지듯 반복된 칭찬이 위대한 결과를 만들어 준다.

26) 칭찬은 소극적인 사람을 적극적으로 바꿔 주고희망과 의욕을 높여 준다.

입에서 나오는 한마디의 칭찬이 의식개혁의 시작이 되는 것이다.

27) 칭찬은 웃음꽃을 만들어 주는 마술사다.

장미도 백합도 진달래도 아름답지만 웃음꽃만큼 아름다운 꽃은 이 세상에 없다.

28) 기가 살아야 운도 산다. 기를 살리는 유일한 처방은 칭찬이다.

병원처방은 돈이 들지만 칭찬처방에는 돈이 들지 않는다. 아낌없이 칭찬하라.

29) 칭찬을 받고 싶으면 내가 먼저 칭찬하라.

이 세상에 외상이나 공짜가 없다는 것을 그 자리에서 알게 된다.

30) 칭찬을 받으면 발걸음이 가벼워지고 입에서 노래가 나온다.

나라를 위해서도 칭찬하라. 기쁨 넘치는 사람이 기쁜 세상을 만들어 준다.

31) 고기도 먹어 본 사람이 맛을 알듯이 칭찬을 받아 본 사람은 더 칭찬 받고 싶어 한다.

그래서 10배 100배의 노력을 아끼지 않는 것이다.

32) 칭찬을 받으면 축복이 저절로 열린다.

태양처럼 밝은 마음속에는 어둠이 깃들지 못하는 것이다.

33) 칭찬을 하다보면 마음이 열려 네가 내가 되고 내가 네가 된다.

서로 하나가 되는 데는 칭찬만큼 효과가 나는 무기도 없다.

한 번 받은 비난이 회복될 때까지는 9번의 칭찬을 들어야 겨우 제자리로 돌아온다고 한다. 이처럼 우리가 뱉어 내는 언어는 사람들을 세우는 일에 무한한 힘을 가지고 있는 것이다.

15

건강 박수

1. 합장박수

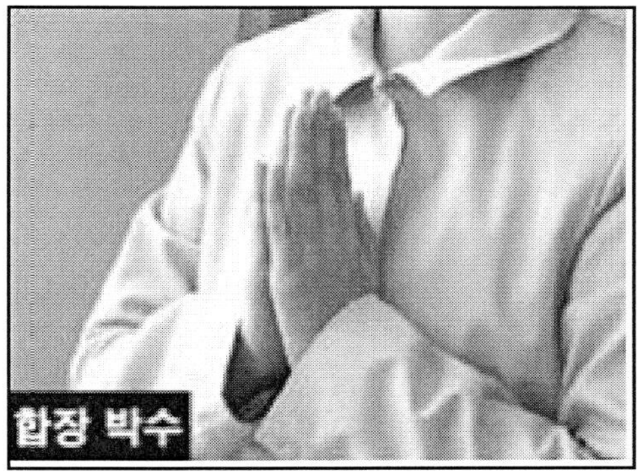

열 손가락을 마주 대고 양손을 힘차게 부딪친다.
이 때 생기는 마찰 진동으로 손바닥의
모든 경 혈이 자극을 받아 혈액순환이 좋아진다.
특히 혈액순환 장애로 생기는 손발 저림이나
신경통에 효과적이다.

2. 손가락 끝 박수

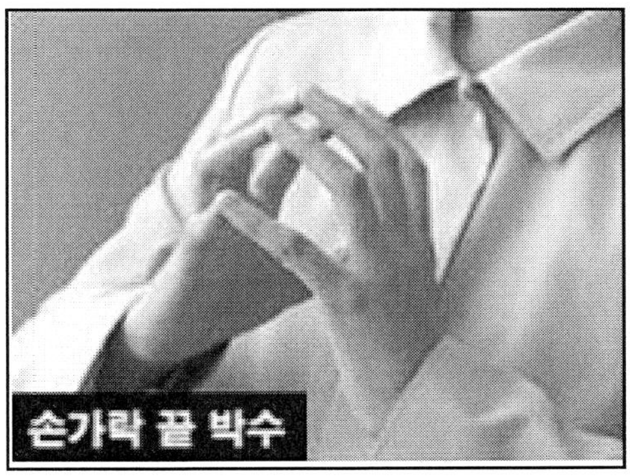

양손의 손가락 끝 부위만 댄 채로 치는 박수.
시력이 나쁜 사람, 만성 비염이 있는 사람,
코감기에 자주 걸리거나 코피가 자주 나는
사람에게 좋다.

3. 손바닥 박수

손가락을 쫙 펴고 약간 뒤로 젖힌 다음 손목은
서로 붙인 채 손바닥만으로 치는 박수.
손바닥만 부딪쳐서 박수를 치면 전반적인 내장
기능이 강화된다.

4. 손목 박수

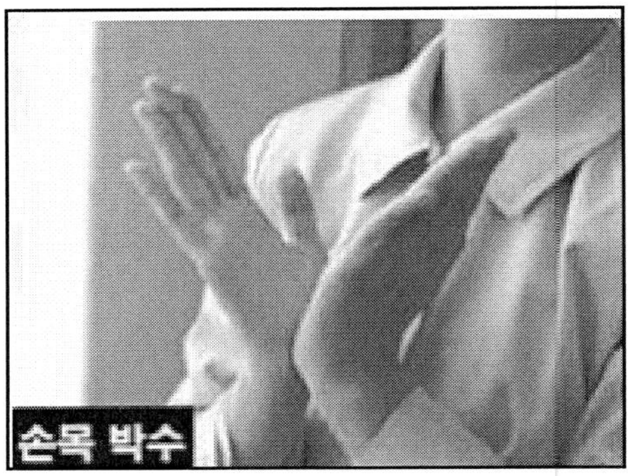

손목과 연결된 손바닥의 끝부분만 마주치는 박수. 이 부분은 방광과 연결되어 있어 방광을 자극해 생식기 기능과 정력을 좋아지게 한다.

5. 주먹 박수

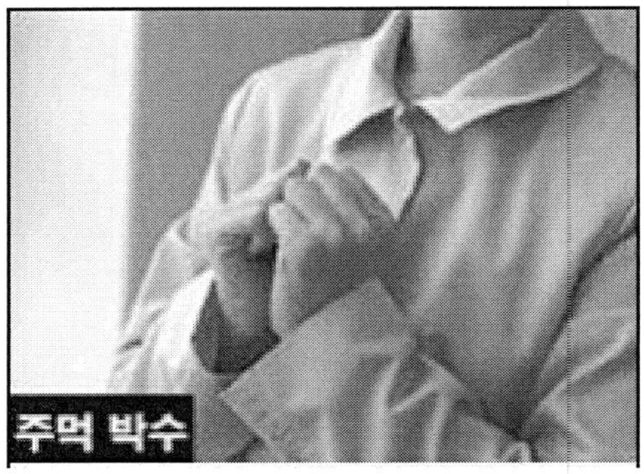

주먹을 쥔 후 양손을 맞대고 손가락이 닿는 부분끼리 박수를 친다.
처음엔 손가락 뼈마디가 조금 아프지만 익숙해지면 목탁소리와 비슷한 소리가 나면서 통증이 없어진다. 두통이나 어깨 부위의 통증을 치료하는 데 좋다.

6. 손가락 박수

두 손을 마주 보게 한 상태에서
손바닥 끝부분과 손가락은 붙이고 손바닥 부분만 살짝 뗀 다음 손가락끼리 부딪친다.
이 박수는 심장과 기관지를 자극해 이와 관련된 질병을 예방 · 치료하는 데 좋다.

7. 목 뒤 박수

양손을 목 뒤로 돌려서 힘차게 박수를 친다.
어깨 부위의 피로를 푸는 데 효과적이며,
어깨나 팔뚝의 군 살을 빼는 데 도움이 된다.
몸이 뻣뻣한 사람들이 처음 하면 불편할 수 있다.
자주 반복하다 보면 편해진다.

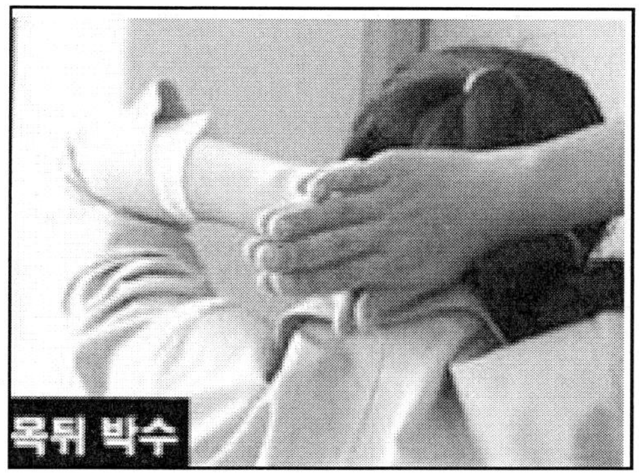

8. 손등 박수

한쪽 손등을 다른 한 손으로 때리듯이 치는
박수로 양손을 번갈아 가며 친다.
허리와 등, 척추 건강에 좋다.
요통이 심한 사람들이 꾸준히 해주면 좋다.

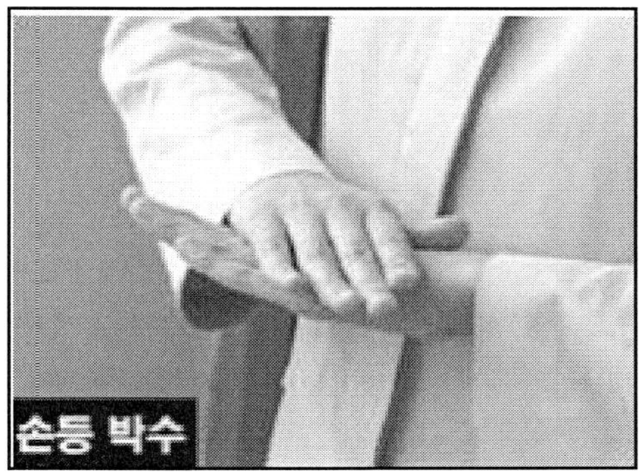

16

넌 센스 문제

1. 우리 나라 사람들이 모두 한날 함께 쓰는 가위는?

2. 언제든지 손에 쥐고 다니는 금은?

3. 낮에만 가는 시계는?

4. 옷에 걸고 다니는 빵은?

5. 성미 급한 사람들이 비춰 주는 달은?

6. 비오는 날 신나서 쏘다니는 사람은?

7. 사람이 즐겨 마시는 피는?

8. 손에 닿으면 안 되는 공은?

9. 바닷가에 가서 하는 욕은?

10. 붉기는 해도 흐르지 않는 피는?

11. 하루를 살다 죽어도 만년 살았다고 하는 것은?

12. 아이 '추워'의 반대말은?

13. 신발 장수와 에누리하는 손님 간에 오가는 대화는?

14. 일본에서 가장 방귀를 잘 뀌는 아가씨의 이름은?

15. 겁쟁이들이 가지고 다니는 돌 열 개 는?

16. 세상에서 가장 골치 아픈 끈은 ?

17. 수험생이 가장 싫어하는 국은 ?

18. 놀부가 가장 좋아하는 술은 ?

19. 세상에서 가장 높은 고개는 ?

20. 누워서 일하는 것은 ?

21. 머리에 다리가 달린 것은 ?

22. 밥만 먹고 나면 목욕하는 것은 ?

23. 반드시 모자를 벗어야만 일을 할 수 있는 곳은 ?

24. 세상 사람들이 모두 똑같이 먹는 것은 ?

25. 실컷 두들겨 주고 돈 받는 사람은 ?

26. 이 세상에서 가장 힘든 일은 ?

27. 살아 있는 북은 ?

28. 병은 병인데 못 고치는 병은 ?

29. 못은 못인데 박을 수 없는 못은 ?

30. 방은 방인데 들어가기 싫은 방은 ?

1. 한가위 2. 손금 3. 해시계 4. 멜빵 5. 안달복달 6. 우산장수 7. 커피 8. 축구공 9. 해수욕 10. 창피
11. 만년필 12. 어른추워 13. 옥신각신 14. 아까끼고 15. 오돌오돌 16. 지끈지끈 17. 미역국 18. 심술
19. 보릿고개 20. 베개 21. 문어, 낙지, 오징어 22. 밥그릇 23. 이발소, 미장원 24. 나이 25. 안마사
26. 칼로 물베기 27. 거북 28. 빈병 29. 연못 30. 감방

17

행복 습관을 쌓기 위한 원칙

습관들을 지배하지 않으면 습관들이 당신을 지배할 것이다.

버릇은 처음에는 거미줄처럼 가볍지만 머지않아 밧줄처럼 튼튼해진다. 따라서 습관을 정복하는데 인생의 성공이 있다. 무엇보다 습관은 습관으로만 정복된다.

따라서 나쁜 습관을 근절시키는 최상의 방법은 나쁜 습관과 경쟁이 되는 새 습관을 기르는 일이다.

여기 새 습관으로 나아가는 좋은 길이 있다.

1. 두려움은 당연하다. 숨기지 마라.

스코트 팩은 말한다. "두려움이 없는 것은 뇌 손상의 증거다." 두려운 곳에 길이 있다. 비행기가 이륙할 때에는 공기 저항을 받는다. 비행기는 공기 저항이 있기 때문에 하늘을 날 수 있다.

'체중감량을 하다 쓰러지지 않을까?' '금연을 하다가 친구를 잃지 않을까?' '술을 끊는 일로 사업상의 불이익을 당하지 않을까?' 등등. 그러나 잃는 것이 있다면 얻는 것은 더 많다는 것을 기억하라.

2. 핑계를 버려라. 가장 먼저 정복해야 할 습관은 '탓'이다.

선택과 성공에는 오직 한 가지 이유만 존재하지만 실패에는 수천수만 가지의 변명이 따른다.

습관을 정복하려면 탓을 버려라. '친구 탓' '환경 탓' '부모 탓' '날씨 탓' '건강 탓', 결국 버려야 하는 것은「탓 증후군」이다.

3. 긍정적 사고로 나아가라. 생각이 해답이다.

습관이란 내가 진리라고 믿는 생각의 결정체다. '자살' 도 거꾸로 읽으면 '살자' 가 된다. 하루야마 시게 오는 "좋다 될 것이다. 할 수 있다"는 긍정적인 다 「플러스 발상」을 계속하면 뇌에 좋은 호르몬을 분비시켜 사람의 의욕 고취, 인내력과 창의력 강화, 건강증진에 도움이 도움을 준다고 주장한다. 몸무게를 빼겠다는 목표보다 나의 몸에 안식년을 선포하고 금식보다 몸의 「대청소의 날」이라 선포해 보라. 한결 의미가 있어지고 쉬워진다.

4. 쉬운 것부터 단계를 따라 구체적으로 시도해라.

1km를 가는 것은 시련이고 1미터를 가는 것은 어렵지만 1센티를 가는 것은 식은 죽 먹기다. 금연을 위해서 라면 점차 개비 수를 줄여 나가는 것은 물론 니코틴 함량이 낮은 담배로 서서히 옮겨가 금단증상을 충분히 극복한 뒤 끊는 것이 지혜롭다.

몸무게를 뺀다고 말하는 것은 의미가 없다. 이번 5월까지 5킬로를 빼겠다는 따위의 구체적인 목표를 정하는 것이 중요하다.

5. 일곱 번만 해라. 길게 잡지 마라.

작심삼일이라 한다. 그러나 그것도 일곱 번만 하면 21일이 된다. 21일이면 계란도 생명으로 부활한다. 모든 병뚜껑은 주름(크라운)이 21개다.

피라미드의 원리에 따라 가장 견고한 밀봉상태를 가지게 되어 서다. 새로 태어난 아이도 세이레가 지나 외출이 허용되었다. 면역체계의 생성 때문이었다.

평생 동안 술을 안 마시겠다는 것보다 단지 오늘 하루만 절주하자고 다짐해라.

성공의 열쇠는 오늘 하루에 있다.

6. 그 날 그 날이 첫 날이 되게 하라.

내가 헛되이 보낸 오늘 하루란 어제 죽어갔던 사람들이 그렇게 가지고 싶어 했던 내일이었었다.

그토록 소중한 한 날로 맞이해라. 그래서 매일 매일 새롭게 시작해라. 날마다 새로운 결심으로 다짐한다면 이루지 못할 약속은 없다. 오늘이 새로 시작하는 날이다. 아침운동의 첫날이다. 「5분 행복」의 첫날이다.

T.V 안 보기 첫날이다. 매일 그렇게 다짐해라. 첫날은 누구에게나 의욕을 가져다준다.

7. 소문을 내라. 그래서 울타리를 쳐라.

소문을 내라. 혼자 한 약속은 깨지기 쉽다. 내가 무엇을 하는지 많은 사람들이 알고 나면 체면 때문에라도 행동하게 된다. 따라서 주변 사람들을 감시견(watch dog)으로 활용하는 것이야말로 가장 좋은 지혜다. 켄 블랜차드(Ken Blanchard)는 "말하지 않은 좋은 생각은 좋은 생각이 아니다"고 했다.

떠들어라. 자녀들과 동료들 앞에 외쳐라.

'아침 운동을 시작했다.'

'큐티(Q.T)를 하기로 했다.'

'영어공부를 시작했다.'

8. 스스로 깨라. 기다리지 말아라.

알도 스스로 깨고 나오면 생명이 되지만 남이 깰 때까지 기다리면 계란 후라이 밖에 안 된다. 습관을 정복할 수 있는 사람은 나 밖에 없다. 남이 나를 깨뜨릴 때까지 기다리지 말아라. '다들 한다(He can do. She can do.)

그렇다면 why not me.(나라고 왜 못해.)'

그렇게 외쳐라. 나를 이기고 나면 세상이 두렵지 않다.

이번 6개월 동안 5분 행복을 실천하겠다고 다짐해라.

9. 자기 목표가 표준이 되게 해라. 비교하지 마라.

주디 갈랜드(Judy Garland)가 이런 말을 했다. "다른 사람을 좇아 2인자가 되지 말고, 자기 자신에 충실한 1인자가 되어라." 남의 기준에 끌려가지 말고 나의 기준을 다른 사람들의 표준이 되게 해라. 남이야 어떻게 하는 신경 쓰지 마라. 사람마다 체질이 있듯이 모든 게 같을 수 없다. 누가 1개월 만에 7킬로그램을 뺐다든지 하는 말을 절대 믿지 마라. 나에게는 나의 길이 있을 뿐이다.

10. 성공했을 때 가만있지 마라. 보상해 주어라.

휘트니 휴스턴(Whitney Houston)이 노래하는 것처럼 진정으로 "자기 자신을 사랑하는 것을 배우는 것이 세상에서 가장 위대한 사랑이다." 습관을 정복한 자신을 자랑스럽게 만들어라.

스스로에게 평소에 갖고 싶었던 물건을 사 주어라. 좋아하는 물건도 괜찮다. 또는 수집하는 물건이면 더욱 좋다. 이는 피그말리온 효과를 가져와 삶의 의욕을 고취시킨다.

11. 한 번 실패했다고 포기하지 않는다. 다시 시작해라.

넘어지는 것은 수치가 아니다. 하지만 그 자리에 누워 불평하는 것은 수치다. 오스왈드 에이버리가 이런 말을 했다. "넘어질 때마다 무엇인가를 주워라." 실패는 시행착오라는 교훈을 통해 혁신으로 비약할 수 있는 자산이다. 다시 담배를 피우게 됐더라도 패배라고 여기지 말고 성공을 거두기 위한 작은 후퇴로 생각하고 다시 시작하라. 재차 시도할 때는 성공할 가능성이 훨씬 높다.

12. 사람을 사귀어라. 사람이 습관이다.

다른 사람과의 접촉을 늘려라. 생각과 생활방식이 나와 다른 사람들과 만남을 많이 갖는 것이 좋다. 만남은 사고의 폭을 넓혀 주며 삶의 의욕을 불어넣어 줄 것이다. 좋은 습관은 좋은 사람들과의 교제에서 온다. 성공한 사람에게는 성공 습관이 있다.

바로 그것을 놓치지 말아라. 만날 때마다 한가지씩은 찾아보아라.

사람에게서 받는 도전이 제일 좋은 도전이다.

Chapter 9

자기 연출법

1

능력 있게 보이는 자기 연출법

※ 목도리도마뱀은 적을 만나면 목 주변을 활짝 펼친다.
복어는 위협을 느끼면 가시가 돋친 몸을 크게 부풀린다.

『동물의 왕국』 같은 자연 다큐멘터리 프로그램을 보면, 동물들이 신체 일부를 활용해 자신을 실제 이상으로 부풀려 적의 공격으로부터 벗어나거나, 자기보다 강한 상대를 도리어 위협하는 장면이 나온다. 동물의 수컷들은 화려한 뿔이나 기이한 신체조직을 가지고 경쟁자와 겨루거나 암컷으로부터 관심을 이끌어 내기도 한다. 먹느냐 먹히느냐의 냉혹한 정글의 법칙은 동물의 세계에서만 적용되는 것은 아니다. 오늘날 우리가 일상에서 맞닥뜨려야 이 전쟁터에서 살아남는 방법은 두 가지뿐이다.

능력을 가질 것. 능력이 없다면, 능력 있게 보일 것.

잠깐만! 능력 있게 보이라고? 우리는 이 대목에 유념해야 한다. 그러니까 내가 얼마나 많은 능력을 가지고 있느냐는 중요하지 않다는 말이렷다?
그럼 무엇이 중요한가? '나를 얼마나 능력 있게 보이도록 만들 수 있는가?' 그것이 중요하다. 자신을 능력 있는 남자로 연출할 수 있는 방법. 이것만 안다면 본래 가진 능력의 크기와 상관없이 게임에서 승자가 될 수 있다. 그러니 '난 왜 능력이 없는 거냐고!' 한탄하는 것은 못난이나 할 짓이다.

심리학자이자 경영 컨설턴트인 나이토 요시히토는 자신의 책 『나를 능력 있게 보여 주는 자기연출법』에서 이렇게 말한다.

"머리가 좋고 나쁨은 당신이 세상을 살아가는 데 그리 중요하지 않다. 실제로는 머리가 명석하나, 그렇지 않느냐에 따라 당신에 대한 평가가 결정되는 것이 아니라 머리가 얼마나 명석해 보이고, 우수해 보이는지에 따라 결정된다. 따라서 이제 당신에게 정말로 필요한 것은 자신의 능력을 충분히 내보일 수 있는 '연출력' 임을 잊지 마라."

자, 동감이 되는가? 그렇다면 이제 요시히토가 조언하는 '능력형 인간이 되는 방법' 에 잠시 귀 기울여 볼 것. 다음은 그가 제안한 여러 방법 중 20가지를 가려 뽑아 본 것이다.

1. 호감을 주려면 눈부터 크게 떠라.

성별을 불문하고 사람들은 큰 눈을 선호한다. 누구나 눈동자가 크고 검은 사람에게 호감을 느낀다.
순정만화 속 주인공들의 눈이 왜 왕방울만 하겠는가? 쌍꺼풀이 없는 사람은 특히 눈을 크게 뜨고 상대방을 응시하라. 눈을 크게 뜨면 동공이 열리고, 동공이 열린 눈은 파워 풀하게 보인다.
눈을 크게 뜨면 좋은 이유 하나 더. 눈물이 나와 눈이 반짝거리게 되어 더욱 매력적으로 보일 수 있다.

2. 가능한 한 출입구 쪽에 앉아라.

사무실이나 술자리에서 자리를 자유롭게 선택할 수 있다면 가능한 출입구에 가까운 자리를 선택하라. 출입구 근처에 앉으면 존재감이 몇 배나 상승된다.
다른 사람에게 나를 드러낼 수 있는 기회가 그만큼 많아지기 때문이다. 사람들이 문을 드나드는 동안 그 사람들의 머릿속에는 좋든 싫든 끊임없이 당신의 존재감이 확고히 자리 잡게 된다.

3. 상대방을 내려다보라.

앉아 있는 것보다는 서 있는 것이 훨씬 강하게 어필할 수 있다. 서 있는 자세로 "나는 언제라도 너를 상대할 준비가 되어 있다."는 무언의 사인과 함께 공격 준비 단계에 있다는 메시지를 전달할 수 있다. 직장 상사에게 유급 휴가를 신청할 때, 사장에게 급여를 올려 달라고 말할 때 상대방이 앉아 있을 때를 노려서 이야기를 꺼내면 의외로 효과를 볼 수 있다.

4. 눈을 깜박이지 마라.

눈을 자주 깜박이는 것은 긴장하고 있다는 증거다. 상대가 나의 동요와 불안감, 긴장감을 눈치 채는 것은 눈을 깜박이기 때문이다.

미국 정치가들은 눈앞에서 플래시 세례가 퍼부어져도 절대로 눈을 깜박거리지 않는다. '깜박이는 것=나약함'의 공식을 잘 알기 때문이다.

5. 웃지 마라.

인간의 몸 가운데 최고의 무기는 '치아'다. 웃는다는 것은 나의 최대 무기를 적나라하게 드러내어 '나는 당신에게 적의를 갖고 있지 않다'는 신호를 보내는 것이다.

반대로 웃지 않으면 상대를 심리적으로 압박할 수 있다. 상대방을 압도하고 싶다면 되도록 웃지 않는 것이 좋다. 게다가 너무 자주 웃으면 상대에게 비굴한 이미지를 심어 줄 수 있다.

6. 시선을 떨어뜨리지 마라.

이것은 반드시 지켜야 할 법칙이다. 대화 중에 시선을 아래로 떨어뜨리는 것은 "이제 당신 마음대로 하세요."라는 메시지다. 상대와 눈을 맞추기가 고역이라면 차라리 시선을 위나 옆쪽에 두어라.

프레젠테이션을 할 때도 '원고를 절대로 보지 마라'고 충고하는 것은 시선이 아래로 떨어지기 때문이다. 청중의 눈에는 그런 발표자가 매우 비굴하고 복종적으로 비춰진다.

7. 상대방이 말할 때 쳐다보지 마라.

계속해서 상대방의 시선에서 눈을 떼지 않는 것은 주의 깊게 경청한다는 뜻이며, '당신 말이 가치가 있다'는 의미이다. 그런데 상대가 이야기하고 있을 때 적절히 시선을 거두는 기술 또한 중요하다.

"당신의 이야기는 더 이상 들을 필요 없다."는 강한 메시지를 전달할 수 있기 때문이다.

8. 분노를 표현할 때는 몸으로만 보여 주어라.

예를 들어 술 취한 손님이 분위기를 흐려놓을 때 바텐더인 당신은 입으로는 정중하게 "다른 손님에게 방해되는 일은 자제해 주십시오."라고 말하면서 몸으로는 분노의 기색(찌푸린 얼굴, 불끈 쥔 주먹, 추켜올린 눈초리, 앙다문 이)을 풍기면 상대를 압도할 수 있다.

9. 강조할 때는 말에 쉼표를 찍어라.

"자동차가 시속 100킬로미터로 달려와 어린아이를 치었습니다." 보다 "자동차는, (잠시 쉬었다가) 시속 100킬로미터로 달려와 어린아이를 치었습니다.

'혹은' 자동차는 시속 100킬로미터로 달려와, (잠시 쉬었다가) 어린아이를 치었습니다." 라고 말하는 것이 훨씬 효과적이다.

중요한 사실을 강조하기 전에 일단 간격을 두면 상대방이 다음에 오는 중요한 말을 기억하게 된다.

10. 강조 어를 활용하라.

'대단히' '확실히' '반드시' 등 확신에 찬 단어를 사용하면 강한 인상과 함께 신뢰감을 줄 수 있다.

'아마' '다소' '약간' '가능한 한' '~같습니다' 같은 말은 나약한 인상을 준다.

상사의 지시를 받았을 때, 자신 없는 일이라 해도 상사가 눈치 채지 못하도록 하는 것이 연출력이다. 강조 용법을 사용하면 더 책임감을 느끼고 노력하게 되는 장점도 있다.

11. 상대가 말할 때는 끼어들어라.

상대방의 말을 잘 듣는 것이 예의라고 배웠지만, 치열한 프로의 세계에서는 예외다. 상대방이 한창 무언가를 열심히 말하고 있을 때, "잠깐만요." "죄송합니다만, 그건 어떤 의미입니까?"라는 식으로 끼어드는 기술이다. 상대방의 말의 의미가 잘 이해되지 않을 때 다시 한 번 정확하게 알려 달라고 요구하기, 추상적인 말을 보다 일상적인 말로 바꿔 달라고 요구하기 등은 괜찮은 끼어들기 수법이다. 만일 상대방이 '아직 내 얘기가 끝나지 않았다' 거나 '나중에 다시 말해주겠다' 라는 식으로 역공을 하더라도 일단 끼어들기를 시도했으면 끝까지 밀어붙여야 한다. '나는 이해력이 부족해서 지금 듣지 않으면 다음 이야기를 이해할 수 없다' 는 식으로라도 끼어들기에 성공해야 한다.

12. 질문법을 활용하라.

서술형 문장보다는 질문형 문장이 두 배는 더 주의를 끈다. 예를 들어 '성공하는 사람은 특별한 능력을 가지고 있다' 보다는 '성공하는 사람이 가지고 있는 특별한 능력이란 무엇인가?'

어느 쪽이 훨씬 인상적이다. 만일 물건을 판다면 일일이 고객에게 상품의 장점만 늘어놓지 말고 "어느 쪽이 더 낫습니까?"라는 식으로 질문을 유도해보면 의외로 활로가 열리는 경우가 많다.

13. 강한 주장을 보이려면 깍지 낀 손을 보여 주어라.

비즈니스 상담을 할 때 손동작은 매우 중요하다. 굳게 깍지 낀 손에서 상대는 무언의 강한 파워를 느끼게 된다. 상품 설명이나 가격 교섭으로 주장을 펼칠 때 아주 유효하다.

14. 맞장구치지 마라.

사람들은 자기 말에 맞장구 쳐주는 상대를 좋아한다. 자기 얘기가 먹힌다고 생각하기 때문이다.

그렇다면 비즈니스에서 맞장구는 필요할까? 결론은 노. 비즈니스 협상에서는 상대의 마음을 불편한 상황으로 이끌어야 한다. 지그시 상대를 바라보며 아무런 호응도 하지 않은 채 말없이 듣고 있으면 상대는 심리적으로 매우 불안해져 의외로 양보할 가능성이 크다. 단, 이 기술은 과용하면 위험하다.

상대를 지나치게 기분 나쁘게 해서는 안 된다. 일단 상대의 마음을 흔들어 동요시켰다고 판단되면 그 때 부터는 맞장구를 쳐라. 냉정하던 당신의 맞장구를 상대는 진심으로 기쁘게 받아들일 것이다.

15. 우렁차게 말하라.

사람들은 큰 목소리에 이끌린다. 목소리가 크면 그만큼 자신감이 있어 보인다.

그렇다고 무조건 큰소리만 내서는 안 된다. 화난 목소리로 인식되어서는 곤란하기 때문이다. 적당히 큰 목소리란 어떤 것인가? 상대방보다 조금 더 큰 목소리다.

16. 입을 크게 벌리고 말하라.

목소리를 크게 할 수 없다면 입을 크게 벌려서 또렷한 발음으로 말하라.

입을 크게 벌리면 얼굴 근육이 움직여서 표정이 풍부해지는 장점도 있다.

17. 음독 훈련을 하라.

독을 마시라는 얘기가 아니다. 음독(音讀)은 소리 내어 읽는 것을 말한다. 일상생활에서 신문이나 잡지, 만화 등을 읽을 때 큰 소리로 읽는 습관을 들이자. 연설을 할 때, 프레젠테이션을 할 때, 상사에게 보고를 할 때, 접대를 할 때 매력적인 목소리와 톤으로 리듬감 있게 대화를 전개해 나갈 수 있다.

18. 왼발부터 내디뎌라.

과학적으로 증명된 것은 아니지만 왼쪽이 앞으로 나가고 오른쪽이 뒤로 물러서면 활력이 생긴다고 한다. 시계 방향으로 힘을 축적시키는 의미가 있기 때문이다.

의욕이 없을 때, 의식적으로 왼발부터 앞으로 내디뎌 보아라.

19. 파워를 얻으려면 체온부터 높여라.

의욕이 충만해져서 하늘에라도 뛰어오를 듯한 기분이 되는 것은 체온이 상승할 때라고 한다. 정신 에너지를 높여 파워를 얻고 싶다면 먼저 체온을 높이자.

가장 좋은 방법은 가벼운 운동을 하는 것이다.

그럴 수 없다면 최면요법. 자신이 뜨거운 탕 안에 들어가 목욕을 하고 있다고 상상하는 것이다. 이러한 자기암시만으로도 체온이 2~3도는 쉽게 상승한다고 한다.

20. 앞머리로 이마를 가리지 마라.

이마를 드러내면 지성과 전문성, 신뢰감이 느껴진다고 한다. 표정도 밝게 보이고 매력적으로 보인다.

머리숱이 줄어들어도 감추려고 하지 말고 자랑스럽게 드러내 놓을 것. 대체로 이마가 훤한 사람이 성공한다.

2

자아 이미지 강화를 위한 성공기술

1. 칭찬을 받아드리십시오!

주변에서 "선생님은 정말 훌륭하십니다!"라고 칭찬하면 "뭘요… 변변치 못한 주제에 오버한 것이지요."라며 뒤끝을 흐린다면 프로패셜한 모습이라 할 수 있을까요?

지나친 겸손은 비굴함이며 오만함이 될 수 있습니다. 좀 더 당당해질 필요가 있습니다.

"선생님 덕분입니다. 감사합니다.", "고맙습니다. 더욱 노력하겠습니다!"라 대답해 보십시오!

2. 남을 칭찬하는데 인색하지 마십시오!

'남의 불행은 나의 행복'이란 발상은 자신을 좀먹는 일입니다. 남의 행복도 '나의 행복'이란 마음으로 주변의 경사에 가장 먼저 축하해 주는 '기분 좋은 사람'이 되십시오!

'그 사람 사귈수록 괜찮은 사람이네.' 란 평이 장안에 쫙 퍼질 것입니다.

3. 언제 어디서나 자신을 좋게 말하십시오!

비록 '똥개' 일만 정 주인이 가꾸고 귀여워 해주면 이웃 사람들이 만만히 볼 수 없습니다. 마찬가지로 자신이 자신을 사랑하는 일은 자신을 좀 더 가치 있는 상품으로 광고하는 효과를 가져 옵니다.

항상 자신을 긍정적으로 바라보시고 긍정적으로 말하십시오.

그러면 다른 사람 들고 그렇게 바라보고 그렇게 대하게 될 것입니다.

4. 어떤 대접을 받고 싶은지 사람들에게 알리십시오!

'… 생일이라고 어떤 놈이 점심 한번 사는 놈이 없네!' 라 푸념하시는 당신이시라면 그것은 주변 분들의 잘못이 아니라 본인의 잘못입니다.

평소 어떤 대접을 받고 싶은지 알렸다면 생일날 그렇게 쓸쓸하게 보내진 않았을 것입니다.

물론 다른 사람들로부터 대접을 받고 싶은 만큼 먼저 다른 사람을 대접해 주시는 '처세의 제1법칙' 은 잊지 않으셨겠지요.

5. 자기 자신과 자신의 행동을 분리하라.

사람의 행동이 그 사람의 가치와 곧바로 연결되어 있는 것이 아닙니다. 어쩌다 다른 사람의 차를 들이받았다고 해도 그것 때문에 나쁜 사람이 되는 것은 아닙니다. 그저 실수를 했을 뿐입니다.

그러나 의외로 많은 사람들은 자신이 실수 때문에 스트레스를 받고 괴로워하는지 모릅니다. 손자병법에도 '한 번 실수는 병가지상사' 란 말이 있습니다.

한 번의 실수를 가지고 너무 자신의 가치를 절하시키지 마십시오.

당신의 가치는 한 번의 실수로 인해 변함이 없습니다. 때라서 지난 일은 잘한 일이건 못한 일이건 빨리 잊어버리는 것이 정신 건강에 도움이 됩니다.

6. 자신의 몸을 잘 돌보고 조심해서 다루십시오!

사람의 몸은 여분이 없습니다. 생명은 오직 하나입니다.

우리가 하는 일은 무엇이든 다른 것에 영향을 주게 되어 있습니다.

그러니 평소에 부지런히 운동도 하고 잘 먹어 두어야 함은 물론이려니와 절제된 생활을 통해 늘 좋은 컨디션과 건강을 유지하는 일이야말로 미룰 수 없는 우리의 중요한 과제입니다.

7. 자기 모습이 어떤지를 생각하지 마시고 장차 어떤 모습이 되고 싶은지를 항상 마음속에 그리십시오!

"you are eat what you eat!, you are eat what you think!" – 당신의 생각이 곧 당신입니다.

성공하는 사람들의 습관을 분석하여 보면 첫째는 가치관, 둘째는 성격, 셋째는 태도로 나누어 볼 때 이 세 가지에 있어서 확실한 공통점이 있습니다.

바로 선행을 많이 행하고, 선한 마음을 가지고, 긍정적으로 생각하고, 적극적으로 활동한다는 것입니다.

다시 말씀 드리자면 '성공한 사람들은 모든 것을 긍정적이면서 생산적으로 생각하지만 실패한 사람들은 부정적이면서도 자기 파괴적으로 생각 한다' 는 것입니다.

세상일이란 다 좋을 순 없잖습니까?

아무리 좋은 일도 10% 정도는 부정적인 면이 있을 수 있습니다. 단지 어느 관점에서 보느냐에 따라 성공인과 실패자로 분류되는 법입니다.

성공 인은 90%의 긍정적인 면을 보고 그 일을 거뜬히 해 내게 되고, 실패자는 10%의 부정적인 면을 보고 불평만 들어 놓게 되니 실패가게 되는 법이니까요.

성공한 사람들은 발상이나 태도 자체가 일을 즐기고 감사하는 성향이 강하다는 점에 반해 실패하는 사람들은 자기들의 장점보다는 단점이나 약점에 대해서 아주 민감하게 반응하는 것이 특징이 있습니다.

그래서 심리학자들은 '네가홀릭스' 라고 해서 이 사람들을 '부정 중독증 환자' 라고 이야기합니다.

아무리 머리가 좋은 사람도 부정중독증에 걸리면 도저히 성공할 수가 없다는 것이 성공학자들의 공통된 의견입니다.

사람들은 이처럼 인생이란 하얀 백지 위에 자신의 생각대로 그려 낸 모습 그대로가 당신의 삶의 모습입니다. 따라서 우리는 긍정적인 생각으로 성공의 그림을 그려야 합니다. 이것이 필자가 주장하는 '성공의 자화상 법칙' 입니다.

세상은 묘하게도 '실수하면 어쩌나!' 란 우려를 갖게 되면 '머피의 법칙' 이 발동하여 실수를 낳게 되고 '이제 성공했어! 난 참 잘 난 녀석이야!' 라며 확신적인 '성공의 자화상' 은 당신을 행운아로 만들어 드리게 될 것입니다.

3

자기표현 능력과 자기PR 기법

1. 성공적인 스피치를 위한 3가지 조건

첫째, 심리적 안정감을 갖고 대중 앞에서 당당하고 자신 있게 말할 수 있어야 한다.

둘째, 청중을 사로잡는 멋진 음성테크닉, 연단매너, 제스처 등을 자연스럽게 구사할 수 있는 등 효과적인 전달능력이 있어야 한다.

셋째, 전하고자 하는 핵심적인 내용이 논리적으로 구성되고, 청중을 감동, 감화, 설득할 수 있어야 한다.

2. 심리적 안정감

스피치는 다른 사람을 대상으로 하고 한정된 시간 내에 전하고자 하는 말을 끝내야 한다는 시간 제약과 목적을 달성해야 한다는 심리적 부담 때문에 정신적인 구속이 가해진다. 또한 실수하지 않고 잘해야 한다는 부담감으로 불안, 초조, 긴장 등이 고조되기도 한다. 이러한 심리적 갈등을 어떻게 극복하느냐에 따라 스피치의 성패가 좌우되므로 심리적 안정감은 무엇보다 중요하다.

3. 발표 불안증을 극복하는 방법

발표불안을 극복하는 최상의 방법은 역설적이지만 대중 앞에서 스피치를 자주 경험하여 발표 불안의 면역성을 키우는 것이다.

타인들이 발표 기회를 만들어 주기 전에 자신이 기회를 적극적으로 만들어서 경험하는 것이 가장 효과적인 방법이기 때문에 친구결혼식 사회진행 등 생활 속에서 작은 것부터 자신이 할 수 있는 것을 실천하기 바란다. "진정한 용기란 두려워하지 않는 것이 아니라 두렵지만 행동으로 옮기는 것이다."

4. 효과적인 전달능력

좋은 상품이라도 전달을 잘못했기 때문에 소비자의 손에 닿지 않고 사라지는 상품들이 얼마나 많은가?

미국의 심리학자 메라비 안에 의하면 같은 말이라도 목소리에 따라 의사전달 효과가 38%나 좌우된다고 하며, 하버드 대학에서 연구, 조사한 바에 따르면 청중의 80% 이상이 말하는 사람의 목소리만으로 그의 신체적, 성격적 특성을 규정짓는다고 하였다.

목소리는 연사의 이미지를 결정짓는 중요한 요소가 되며, 나아가 의미전달 효과에도 큰 영향을 미치게 된다.

5. 신뢰와 호감을 주는 음성 개발하기

10단계 발성 : 발성의 10단계는 아주 중요한 기본 발성으로서 자신의 음성을 정확히 알게 하고 고저, 강약, 장단의 연습을 통해 신뢰와 호감을 주는 음성을 개발할 수 있다.

음성학적으로 자기음성의 10%의 소리를 10도 음이라고 하고 100%의 소리를 100도 음이라고 한다. 10도 음부터 20, 30~80, 100도 음까지 계단식으로 음을 구분해서 발성 연습을 하면 자신의 음성을 입체적으로 표현할 수 있어 의미전달을 잘할 수 있다.

6. 복식 호흡법

스피치에서의 호흡법은 숨을 들이 마시면 배가 자연스럽게 나오고 말을 할 때에는 배에 힘이 들어가는 복식 호흡이 바람직하다. 그러나 현대인들은 가슴으로 얕게 숨을 쉬는 흉식 호흡을 해서 빈약하고 조급한 목소리와 짧은 스피치에도 목이 쉽게 잠기는 것을 볼 수 있다. 항상 자신의 호흡을 점검하며 복식호흡을 생활화하여 좋은 음성과 건강을 유지하도록 한다.

7. 효과적인 말하기 훈련법

표현을 잘하는 사람과 못하는 사람의 가장 중요한 차이는 말의 억양이나 속도에 변화를 주며 말하느냐 아니냐 이다. 처음부터 끝까지 단조롭게 표현하면 듣는 사람을 지루하게 만들고, 의미전달을 효과적으로 할 수도 없다. 음성의 강약과 높고 낮음, 그리고 빠르고 느림이 잘 조화된 언어 표현을 익혀야 한다.

8. 띄어 말하기

글을 쓸 때는 단어 중심으로 띄어 쓰지만 말에서는 그 의미나 흐름에 맞추어 어구를 한 단위로 묶어서 말하는 게 보통이다. 즉, 한 어구 안에서의 낱말은 붙여서 표현하는 것이 물 흐르듯 자연스럽다는 뜻이다.

9. 음성의 고저, 강약, 완급

내용이 좋은 신문 사설을 선택하여 말의 강약, 어조의 빠르기에 변화를 주며 말하되, 읽는 게 아니라 마치 친구에게 말하듯이 자연스럽게, 천천히 그리고 약간 큰소리로 읽는다. 문장 끝에 '있다' '없다' '것이다'를 '있습니다' '없습니다' '것입니다' 등 구어체로 바꾸어서 읽는다.

10. 감정이입

'말 속에 자기를 투입하라.'
데일 카네기의 말이다. 억양이나 속도에 변화를 주고 띄어 말하기를 한다 하더라도 화자가 자기의 말에 진심과 열성을 담지 않고 건성으로 말한다면 결코 청자의 마음을 사로잡을 수 없다. 말할 때 내용과 일치되는 감정을 목소리와 표정에 담아야 한다.

4

스트레스 퇴치법

일을 할 때 적성에 맞고 보람을 느끼고 실적까지 올라간다면 더 이상 즐거운 일은 없을 것입니다. 그러나 언제나 일이 잘 된다고 보장할 수는 없습니다.

자칫하면 의무적으로 하게 되고 매너리즘에 빠지기 쉽죠. 때로는 의욕을 잃고 슬럼프에 빠지기도 합니다. 그 속에서 생겨나는 갖가지 스트레스들.

가끔씩 우리는 스포츠 선수들을 통해 그들이 겪는 슬럼프를 보게 됩니다. 보는 입장에서는 답답하기 그지없죠. 평소에 그렇게 홈런을 잘 치던 야구선수나 늘 스트라이크를 하던 볼링선수나 모두들 맥없이 물러날 때를 보면 참 안타까워 보입니다. 직업에서 오는 이 슬럼프는 자신의 실패가 연속될 때 일어나며 특히, 성과를 중심으로 하는 업무에 많이 일어난답니다. 이미지컨설팅을 하다 보면 대부분의 고객들은 '새로운 나'를 찾고자 기대하며 찾아옵니다. 신기하게도 그 중에 50% 이상은 나름대로의 슬럼프를 겪고 있습니다. 슬럼프를 이겨내는 것 역시 자신의 이미지관리가 아닐까 합니다.

1. 슬럼프. 어떻게 하면 극복할 수 있을까요?

슬럼프를 위험신호로 알고 있는 사람들이 많은데 절대 그렇지 않습니다. 단지 자신을 되돌아보고 에너지를 재충전할 때를 알려 주는 신호등일 뿐이죠.

그러나 잠깐의 꽃샘추위에도 매운 감기가 걸릴 수 있는 법. 슬럼프가 왔을 때는 빠른 기간 내에 확실하게 퇴치해야 합니다. 잘 극복하면 생활의 활력을 몇 배로 되찾아 주고 가는 보약이 되지만 한 번에 꽉 잡지 못하면 시도 때도 없이 드나드는 잔병이 될 수 있으니까요. 어떤 그룹의 총수 한 분은 젊은 시절의 경험을 이야기한 적이 있습니다. 매일 한 가지 목표를 정해서 달성해 나갔다고 합니다.

"오늘은 ○○과 적극적으로 담판하자."
"오늘은 이것을 고치자."
"오늘은 이것을 바꾸어 진열하자."

하는 식으로 변화를 꾀했다고 합니다. 슬럼프에 빠지면 위축되고 일이 귀찮아지기도 하지만, 억지로라도 일을 만들어 고쳐 갔다는 것입니다. 움츠리지 말고 적극적으로 대처하세요.

"오늘은 무엇을 할까?"하는 대상을 구체적으로 정해서, 단기 목표를 실행해 나가다 보면 잡념도 없어지고 의욕도 생기게 됩니다. 목표에 대하여 진지하게 대하는 자세에서 일의 보람이 솟아 나오는 것이 아닐는지요.

그리고 처음으로 되돌아가야 합니다. '할 수 있다'는 마인드를 키우고 고객을 탓하지 말고 변명과 핑계를 대지 마시기 바랍니다. 고객이 가입하지 않고, 구매하지 않는 것은 본인 때문이라는 것을 인식하세요. 가게를 운영하는 사람이 손님들이 오지 않으면 오늘 비가 와서, 눈이 와서, 교통이 막혀서, 월급날이라서, 월말이라서 라는 등등의 외적인 요인만 늘어놓은 가게 주인이라면 발전 가능성이 없습니다.

손님이 오지 않는 이유는 식당이 불결하기 때문인가? 어둡기 때문인가?

종업원들이 불친절하기 때문인가? 정리가 안 되어 있기 때문인가? 맛이 없어서 때문인가?

값이 비싸기 때문인가? 등등의 내부적 요인을 찾아내서 개선을 하는 것이 우선임을 명심하세요. 마찬가지로 내가 이 솔루션을 충분히 이해하였는가?

이 솔루션을 이용해서 충분히 상품을 구매해 보고 가격, 품질, 배송, 서비스, 클레임, 고객관리 매뉴얼을 충분히 숙지하고 있는가? 목표는 제대로 수립되었는가? 가망고객 선정은 제대로 되었는가? 가망고객에게 접근 시 올바른 방법으로 접근하였는가? 설명은 제대로 하였는가?

회원들 각각의 개개인에게 어떤 이익(Benefit)과 장점(Merit)을 줄 수 있는가?

등등을 다시 한 번 검토해 보시기 바랍니다.

인생의 큰 Vision을 갖고 있는 사람은 사소한 일로 좌절하지 않는다고 합니다.

그리고 그 속에서 오는 갖가지 스트레스를 즐길 줄 알아야 합니다. 우리나라의 직장인들이 대부분 각종 업무와 스트레스에 심하게 시달립니다. 경기가 어려워지면 직장에서 농담이나 이야기도 통하지 않을 정도로 서로 스트레스를 받는 다는 것입니다. 스트레스 그 자체를 짜증으로 여기면 병이 생길 수 있으니 스트레스를 관리하는 나만의 퇴치법을 만들어 두세요.

필자 역시 스트레스 때문에 갖가지 방법을 다 써보았습니다. 그 중에 가장 해소가 되었던 방법중의 하나는 가까운 사람과 허심탄회하게 대화를 나누는 것이었습니다.

가슴속의 응어리를 털어 내는 가장 중요한 방법중의 하나는 대화라고 하죠. 업무에 대한 스트레스나 불안에 대처하기 위한 수단으로서 동료와의 대화방법을 가장 많이 이용한다는 연구결과가 있습니다. 자신의 솔직한 감정을 자주 표현함으로서 분위기를 명랑하게 할 수 있고, 사태가 악화되는 것을 막을 수 있답니다.

그리고 산책, 조깅, 테니스 등의 운동도 좋은 방법입니다. 실내나 실외 어디든지 좋습니다. 스트레스를 받았을 때의 운동은 가슴이 뛰고 등에서 땀이 날 정도의 강도가 좋고, 시간은 20~50분 정도가 좋습니다. 운동은 생체리듬을 정상적으로 회복시키고 심폐 기능을 강화하면서 스트레스를 줄여 주는 놀라운 힘이 있습니다. 스트레스를 받는다고 술이나 담배를 피우는 것은 결국은 건강을 해쳐서 더 큰 스트레스를 가져온다고 하네요.

마지막으로 많이들 하는 방법이지만 심호흡이 있습니다. 심호흡은 가장 편한 자세로 앉거나 누워서, 명치 위에 자신의 손을 올려놓고, 숨을 천천히 들여 마시면서 배가 나오도록 하는 것입니다.

그리고 숨을 들여 마신 다음 숨을 몇 초간 참고 있다가 천천히 숨을 내쉬면서 배가 서서히 꺼지도록 합니다. 이런 심호흡을 20~30회 천천히 하면 스트레스가 줄어드는 것을 바로 느낄 수 있답니다.

스트레스나 슬럼프 모두 잘 이겨내는 것이야말로 진정 자신을 가꿀 줄 알며 미래를 준비하는 이 시대의 성공한 사람이 아닐까요?

5

자신과의 싸움에서 이기는 법

'이 세상에서 가장 무서운 적은 자기 자신이다.' 라는 말이 있다.

먼저 자신과의 싸움에서 승리할 때만이 성공을 바랄 수 있다.

우리 자신 안에는 실패를 두려워하는 공포, 불안, 자기를 부정적으로 보는 부정적인 자기 이미지, 그리고 나태하고 안일한 속성이 있다. 이런 부정적인 자신과의 싸움에서 이겨야 한다.

자기와의 싸움을 생각할 때, 우리는 제일 먼저 불안을 떠올리게 된다.

한 번 실패했거나 잘못을 저지른 다음 다시 도전하려고 할 때 누구나 불안을 느끼게 된다.

그것이 성공을 향해 나아가는 모든 사람들이 실패를 하게 되는 원인이다.

그런데도 우리는 불안을 체험하는 일에 익숙해져 있기 때문에 불안을 정상적인 것으로 생각해 버리기 쉽다.

한 번 실패하고 나서 똑같은 일에 도전할 때에는 무언가 좋지 않은 일이 일어날 듯한 막연한 느낌 때문에 긴장을 하거나 경계하거나 의욕을 잃게 된다.

우리가 예상치 못했던 어려운 과제에 직면했을 때 이러한 감정은 싫든 좋든 마음속으로 진입하게 마련이다.

그것은 곧 심장이 두근거리고 위장이 치밀어 오르는 느낌이다.

오랫동안 불안을 느끼게 되면 일이 그 만큼 잘 되지 않게 된다.

의식의 집중이 불가능하게 되고 사물을 제대로 분별할 수 없게 된다.

그러므로 일이 잘 되지 않을 뿐만 아니라 초조감까지 생기게 된다.

불안 때문에 나타나는 현상을 살펴보자.

첫째 : 불안은 당신을 소심하게 한다.

둘째 : 여러 가지 스트레스가 불안을 낳는다.

셋째 : 가정에서 스트레스는 일의 능률을 저하시킨다.

넷째 : 불안은 당신의 사고력을 감퇴시킨다.

다섯째 : 불안은 당신을 더욱 초조하게 하고 다른 사람에게도 나쁜 영향을 준다.

그렇다면 이처럼 자신에게 막대한 마이너스를 초래하는 불안을 쉽게 떨쳐 버릴 수 있는 방법은 없는가.

첫 번째, 일상생활을 할 때 감정을 자연스럽고 편안하게 갖는다.

두 번째, 배짱을 가지는 것이다.

지금 혹시 무표정한 얼굴로 이 글을 보고 계십니까?

확인해 보세요.

6

마음의 고통에서 벗어나는 기법

이번에는 마음의 고통에서 벗어나는 방법에 대해 살펴볼까 합니다.
우리 모두 부정적인 생각 때문에 고통 받을 때가 많습니다.
그런 생각을 하지 말아야지 말아야지 하면서도 어느 순간
부정적이고 의심에 찬 생각이 머리 속을 꽉 채워 힘들어 할 때가 많습니다.
자 이럴 때는 어떻게 해야 할까요.
부정적인 생각이 들 때마다 긍정적인 생각으로 변화 시키는 방법은 없을까요?
자 우선 부정적인 생각이 들 때 그것을 사라지게 하는 것부터 살펴보기로 하 져..
기억하십시오. 저항하는 건 지속되고, 살펴보는 건 사라집니다.

어떤 것에(예: 부정적인 생각) 저항하는 행동은 오히려 그것에 생명을 주는 행동입니다.
어떤 생각에 저항 할 때, 그것이 오히려 우리의 마음속에 더욱더 강하게 자리 잡게 합니다.
저항하면 할수록 그것은 점점 더 현실이 됩니다. 저항하는 것이 무엇이든 간에 말입니다.
절대 어떤 것에도 저항하지 마십시오. 저항하면 그것이 없어지리라고 여긴다면 다시 생각해 보십시오. 오히려 우리의 마음속에 그것이 더 튼튼하게 뿌리를 박도록 만들 뿐입니다.
그 이유는 모든 생각에는 창조력이 있기 때문입니다.

죄의식이나 부정적인 생각을 반복하면 반복할수록 그것의 창조력은 더더욱 커져서 삶에서 고통을 지속적으로 부르게 됩니다.
그렇기에 그것을 저항하면 할수록 그것의 창조력을 더욱더 크게 만드는 것이지요
모든 생각을 크게 두 가지로 나누어 봅니다.
"그것이 사랑에 뒷받침 된 생각인가? 두려움에 뒷받침 된 생각인가?"로 말입니다.

모든 생각은 이 두 가지 생각에서 파생된 것이라고 여깁니다.
잠재의식은 그것이 사랑이든 두려움이든 구분하지 않고 현실에서 창조를 하게 됩니다.
위에서 "살펴보는 것은 사랑이다"는 뜻은 생각을 관조한다는 뜻입니다.
내가 어떤 생각을 했을 때 왜 그런 생각을 했는지 살펴보는 것입니다.

그것은 생각 뒤의 생각입니다. 그리고 이것이 바로 사람을 성장하게 만듭니다.
예들 들어 여러분께서 미래의 현실이 부정적이고 모든 것이 잘되지 않을 것 같은 의심이 드는 생각 때문에 고통을 받고 있다고 칩시다.
그리고 그런 생각이 없어지지 않고 날이 가면 갈수록 머리 속에 떠올라 마음을 고통스럽게 만듭니다.
자 이때 이 부정적인 생각에서 벗어나는 방법은 부정적이 든 생각이 머리 속에 떠올랐을 때 그것을 살펴보는 겁니다. (부정적인 생각을 한 자신을 눈치 채는 것입니다.)
"어! 왜 내가 이런 생각을 하지?"
"어! 왜 내가 이런 생각 때문에 고통을 받지?"
그리고 부정적인 생각까지 축복하십시오.
거부하지 말고 오히려 그것을 축복하십시오.
이것은 바로 더 이상적인 자신을 만들어 가는 방법입니다.
그 모든 것을 받아들이고 그 모든 것이(생각, 말, 행동)
내가 만들어 낸 창조물임 인정하고 축복하는 것입니다.

그 다음에는 내가 생각하는 가장 멋진 미래의 생각을 떠올리는(선택하는) 것입니다.
이것은 부정적인 생각을 하는 자신을 눈치 채지 못하면 떠올리기가 힘듭니다.
그렇기 때문에 먼저 부정적인 생각을 눈치 채고 그것을 축복하고 난 다음 생각하시기 바랍니다.
자신이 꿈꾸는 모습의 한 컷을 준비합니다.(풍요로운 생활, 멋진 집, 꿈을 이룬 모습 등)
머리 속에 저장된 모든 것은 이미지 형태로 저장이 됩니다.
그렇기 때문에 눈을 감고 구체적인 모습의 이미지를 떠올리시기 바랍니다.
(내가 있는 장소, 기온과 날씨, 마음상태, 앉아 있는지 서있는지, 무엇을 하고 있는지 등등 구체적이면 구체적일 수록 좋습니다.)

정리를 하면~

1) 부정적인 생각이 떠오른다.

2) 부정적인 생각을 하는 자신을 살펴본다.(눈치 챈다)

3) 자신에게 질문을 한다.(어! 내가 왜 이런 생각을 하지?)

4) 부정적인 생각이 내가 창조한 것임을 인정한다.

5) 부정적인 생각까지 축복한다.

6) 자신이 꿈꾸는 가장 멋진 모습(이미지)를 떠올린다.

그것을 원하지 않는다면 왜 굳이 그것에 대해 생각하십니까?

그러나 만일 굳이 그것에 대해 생각해야 한다면, 즉 그것에 대해 생각하지 않을 수 없다면, 저항하지 마십시오,

차라리 그것이 무엇이든 간에 정면으로 살펴보고 나서, 즉 그것을 자신의 창조물로 인정하고 나서, 그것을 계속 유지할지 말지는 본인 마음대로 선택하십시오.

만일 여러분이 거부하는 그 생각을 살펴본다면 그것을 진짜로 살펴본다면, 여러분은 그것을 꿰뚫어 보게 될 것입니다. 이럴 때 그 생각은 고통이 되지 않고 사라지게 됩니다.

진정으로 마음의 평화를 찾은 사람들은 어떤 것도 "버리지" 않습니다. 그들은 그것을 그저 옆으로 제쳐놓을 뿐입니다. 더 이상 쓸모없는 것들을 처리할 때처럼. 저절로, 그리고 그 자체로 고통스러운 건 아무 것도 없습니다. 고통은 우리가 어떤 것에 관해 내린 판단 때문에 생깁니다.

그 판단을 제거 하면 고통이 사라집니다.

다시 한 번 말씀 드리지만 고통은 사건과는 아무 관련이 없습니다.

관련이 있는 것은 사건에 대한 인간의 반응입니다. 일어나는 건 그냥 일어나는 것 일 뿐입니다. 그것에 대해 우리가 어떻게 느끼느냐 또 어떻게 판단하느냐가 문제인 것입니다.

7

훌륭한 대화를 위한 지혜

훌륭한 대화는 눈과 귀의 접촉을 통해 우리 자신을 정확하게 인식시키는 기술이다.

상대방을 똑바로 쳐다보면서 주의 깊게 귀를 기울이자. 이것은 효과적인 대화를 위한 기본조건이다. 그리고 함께 생각해보고 싶은 다른 조건들도 여러 가지 있다.

어떤 것들은 너무 당연한 사실이어서 말로 표현하는 것조차 어리석게 느껴질 테지만, 너무나 많은 사람들이 알면서도 전혀 사용한 적이 없다는 놀라운 사실도 알게 될 것이다.

1. 먼저 정확하게 자신을 소개하자.

마주 보고 말하든 전화로 얘기하든 이름부터 밝히자.

"만나서 반갑습니다. 저는 _____ 입니다." 혹은, "안녕하세요? 지금 전화하는 저는 _____ 입니다.".

처음 이야기를 시작할 때 '내가 지금 누구하고 얘기하는 거지?'라는 생각만큼 본래의 의도에서 빗나가게 하는 요소도 없다.

2. 대화에 보탬이 되는 간결하고 정확한 손동작을 개발하자.

이것은 여성에게나 남성에게나 모두 필요하다. 우선 손을 활짝 펴서 호감을 표시하자.

3. 이름을 기억하자.

이것은 우리가 다른 사람에게 베풀어야 할 가장 중요한 예의이다.

누군가 가 자신을 소개할 때에는 주목하자. 그리고 곧 그의 이름을 불러주자.

"배용준씨, 만나서 반갑습니다." 혹시 이름을 정확히 알아듣지 못했을 때는, "죄송합니다. 잘못 들었습니다."하자. 상대방은 자신의 이름을 알려고 하는 우리의 성실한 태도에 감사할 것이다.

4. 말을 할 때는 상대방과 눈을 마주치자.

그리고 다른 사람이 말할 때에도 그의 눈을 똑바로 쳐다보자. 눈을 마주치는 것은 우리가 말하는 내용에 대한 확신을 불러 일으켜 줄 뿐 아니라. 다른 사람의 말에 가치를 부여하고 있음을 나타내 준다.

5. 늘 이런 태도를 지니자.

"나는 그녀가 나와 얘기하는 것을 좋아하도록 할거야." 상대방에게 도움이 되는 말을 하자.

상대방이 관심을 기울이는 것에 대해 질문하자. 상대방이 자신을 표현하는 것을 도와주자. 아마 그들은 우리와 얘기하기를 좋아하게 될 것이다.

6. 적극적으로 말하자.

행복한 표정은 보는 사람도 기분 좋다. 우리가 일하면서, 생활하면서 얻는 즐거움을 함께 나누자. 그렇게 하면 모두들 우리와 친해지고 싶어 할 것이다.

불평이나 비난의 말은 삼가자.(속으론 그러고 싶더라도 참자) 부정적인 말은 듣는 사람도 슬프게 한다.

그들은 이미 그들 자신의 고민은 지니고 있다. 우리의 고민까지 짊어지게 하지 말자.

7. 신중하게 듣자.

그들이 하는 말 중에는 다른 사람에게 전달되지 않기를 바라는 내용도 있다. 그들에게 신뢰할 수 있는 믿음을 주자. 그들은 그런 우리와 얘기하면서 편안한 기분을 느낄 것이다.

8. 이기적인 태도보다는 상대방을 도우려는 태도로 대화하자.

다른 사람의 생각에 관심을 보이자. 자기주장을 내세우지 말자.

우리가 진심으로 그들의 생각에 관심을 기울이면 그들에게도 그 마음이 전달되는 법이다.

물론 그들이 느끼는 신뢰도 우리에게 되돌아온다. 거꾸로 자신의 관심거리로만 생각이 꽉 차있는 사람이라는 느낌을 상대에게 준다면 그들은 우리와 대화하는 것을 불편하게 여길 것이다.

9. 상대방에게 중요한 사람이라는 느낌을 심어 주자.

이것은 그들에게 모든 관심을 기울이기만 하면 되는 일이다.

지금 이 순간에는 그의 혹은 그녀의 일과 고민, 문제점만이 우리에게 가장 중요한 것처럼 행동하자.

예전에 알았던 그들의 사정에도 관심을 보이자.

그렇게 한다면 우리는 기억력 좋고, 따스하고, 믿음직스런 대화상대로 존경받게 될 것이다.

10. 상대방의 말을 충분히 이해했다는 확신을 주자.

일하면서 가장 골치를 썩이는 것도 바로 '오해'이다.

잘못 해석하고 잘못 이해한 데서 비롯되는 오해가 다른 어떤 이유보다 우리를 속상하게 한다.

상대방이 한 말을 우리 자신의 언어로 반복하면서 확실히 이해하자.

그리고 그들에게 확실히 이해했는지의 여부를 확인하자.

그러면 그들은 이해받은 사실을 고마워할 것이고 이해하려는 우리의 노력에 감동할 것이다.

11. 회의나 약속은 시간을 꼭 지키자.
지각은 '이 일은 나한테 중요하지 않다'는 말을 행동으로 보이는 것이다.

피치 못할 사정으로 늦게 될 경우에는 미리 전화하자. 늦는 이유를 솔직히 설명하고 언제쯤 도착할지를 정확히 밝히자.

늦게 도착해서 놀라게 하기 보다는 미리 전화하는 우리의 사려 깊은 배려에 그들은 호감을 느낄 것 이다.

12. 다른 사람의 입장을 먼저 생각하자.

그들이 무엇을 원하는지, 그리고 우리와 무엇이 다른지를 알고 받아들이려고 애쓰자.

그들의 시선으로 세상을 보려고 노력하자. 그리고 그들이 생각하는 대로 나를 생각하려고 노력해 보자.

"어떻게 하면 내가 한 일에 내 상사가 만족할까?"

어떻게 해야 다른 사람과 가까워질 수 있는지를 깨닫는다면 우리는 지금보다 훨씬 훌륭한 대화를 할 수 있을 것이다. 훌륭한 대화를 하기 위한 비결은 다른 사람을 우리 곁으로 가까이 다가오게 하는 것이다.

이렇게 하는 가장 효과적인 방법은 상대방에게 자신의 가치를 느끼게 해주는 것이다.

가치 있는 존재라는 느낌과 중요한 존재라는 느낌은 인간이라면 누구나 갖고 싶어 한다.

'가치있고 중요한' 것이 바로 우리 인간의 본질이다.

자신을 열고, 힘을 합쳐서 서로에게 도움이 되는 일을 할 준비를 할 것이다.

자신의 가치를 인정해준 우리를 신뢰하는 것은 물론이다.

열린 마음으로 서로 신뢰하면서 힘을 합치는 것보다 더 즐거운 유대관계는 없다.

우리의 열정과 자신감 그리고 힘을 다른 사람에게 얘기하자.

그러면 곧 우리와 일하는 즐거움을 함께 나누고 싶어 하는 사람들에게 둘러싸인 자신을 발견하게 될 것이다.

8

회의 진행 기본 요령

민주 사회의 성숙한 시민으로서 자질과 능력을 갖추기 위해서는 회의를 통해서 모든 사람들과 더불어 서로의 의견을 발표하고 조정하고 통합하는 능력과 기술을 갖추어야 한다.

특히, 회의는 웅변과 달라서 자기의 생각이나 주장을 일방적으로 말하면 안 된다.

다른 사람의 의견을 귀담아 듣고 질서 있게 발언해야 한다. 따라서 일정한 원칙과 법칙에 따라 토론과 의결을 거쳐 의사를 결정하기 위하여 원만하고 올바른 회의 진행을 익히는 것이야 말로 민주주의적 생활 방식을 배우는 지름길이 된다.

1. 진행방법

- 회의가 민주적 의사 결정 방법의 중요한 과정임을 이해한다.
- 회의 진행의 절차와 기술을 실습을 통해서 익힌다.
- 구성원 간의 서로 다른 의사와 생각을 회의를 통해 민주적으로 통합 해결한다.

2. 준비사항

회의에서 다룰 의한, 순서, 칠판, 플랭카드, 태극기, 회의록, 표결을 위한 투표용지, 표함, 의사 봉, 명패, 좌석배치, 채광상태, 회의자료, 음료수 등을 사전에 준비하여 원만한 진행이 되도록 해야 한다.

3. 유의사항

- 의장, 서기, 기타 특별 임무를 맡은 위원들의 임무와 기능을 충분히 이해하고, 집행

의 진행 노력에 적극적, 능동적으로 따른다.

– 일사부재리의 원칙, 표결원칙 등 회의 진행의 일반 원칙을 숙지하고 행동한다.

– 서로 다른 의견을 회의를 통해 토의함에 있어서 감정적 대립이나 폭언, 모욕적 발언, 퇴장 등의 태도를 갖지 않도록 한다.

– 회원의 권리인 동의제출권, 발언 및 토론 참여권, 결정 참여권을 행사한다.

– 회의에서 결정된 사항은 언제나 승복하는 올바른 태도를 갖는다.

4. 회의 내용 설계

1) 개회선언

의장은 회의 일시, 장소를 사전에 공고하거나 공문을 보내야 하고, 지정된 장소와 시간에 회원의 일정 수(전체 구성원의 2/3 또는 1/2)가 참석하면 성원이 되었음을 알리고, 회의 시작을 선언한다.

(개회, 폐회, 중요사항을 상정하고 의결함에 있어서 의장은 를 전체 회원들에게 알림과 동시에 의사 봉을 3회 두들긴다.)

※ 의사봉은 두드리는 것을 로보트식 회의법이라고 하는데 확실히 결정하는 의미가 있다.

2) 국민의례 : ‘국기에 대한 경례’의 의식을 실시한다.(경례/바로)

3) 의장인사 : 보통 회장이 의장이 되어 회의 목적과 부의안건에 대해서 소개하고 원만하게 회의가 진행되도록 협조를 구하며 인사말을 한다.

4) 전 회의록 승인 : 전 회의록을 낭독하고 승인을 받는다. 자세한 내용은 회의록 편을 강조한다.

5) 의안 상정 : 의장은 회의에서 토의, 결정해야 할 사항(의안)을 소개하고 이러한 의안을 어떤 절차와 방법으로 토의, 의결할 것인가를 밝힌다.

이 때 의안 토의 순서, 예 : 되는 시간과 규칙에 의거한 표결 방법 등을 미리 공지할 수도 있다.

6) 의안 토의

가) 제안 설명(동의) : 상정된 의안에 대해서 어떤 구체적인 방법과 견해를 설명 하거나 발표한다.

이를 동의라고도 한다. 가령 의안이 지역 사회 봉사 활동에 관한 건이라면 봉사활동을 실시 할 지역과 기간을 제안 동의하는 것이다. 제안자(동의자)는 이러한 제안이 왜 필요하며 타당한가를 밝혀야 한다.

제안자에 의해 동의된 의안은 다른 회원에 의해 재청을 받음으로써 본격적인 토의의 대상이 된다.

나) 찬성토론 : 재청을 한 사람은 제안자에 의해 제기된 안건의 내용에 대한 찬성론을 전개한다.

다) 반대토론 : 제안 설명자(동의자)의 제안에 반대하는 의견을 가진 사람은 반대 의안을 낼 수 있다. 반대 의견도 반대 의견 제안자 이외의 회원으로부터 재청을 받아서 격적인 토의 대상이 될 수 있다.

라) 수정안 제출(개의) : 제안된 의견에 대한 찬성토론과 반대 토론이 있은 후, 찬성 의견과 반대의견을 종합 절충한 수정안을 제출할 수 있다. 수정안에 대한 재수정안(재안의견)이 여러 개 나올 수 있으며,수정안은 제출자 이외의 회원으로부터 재청을 받아야 한다.

마) 정회 및 의견 조정 : 의장이 회의에서 제출된 여러 의견을 표결에 붙이기 전에 의견제출자들은 정회 시간을 통하여 서로의 대립된 의견을 조정하여 자신의 안을 철하거나 상대방의 의견을 보다 충실하게 검토할 수 있다.

바) 표결 : 의장은 찬성안, 반대안, 수정안 등에 대한 토의가 끝나면 이를 표결에 부쳐야 한다. 표결의 순서는 수정안, 반대안, 찬성안의 순서로 하며, 제기된 의견 모두를 일괄하여 표결에 부칠 수도 있다.

결의 방법, 가부동수일 때의 결정은 회의 운영 내에 따르도록 한다. 표결 방법에 대해서 의견이 상충될 때는 이를 다시 표결로 결정하거나 의장의 직권으로 결정할 수도 있다.

사) 투표 및 개표 : 투표, 개표는 감표 위원을 선정하여 관리한다.

아) 표결 결과 발표 및 의결 : 의장은 표결 결과를 발표하고, 표결 결과에 따라 의제와 관련된 사항이 어떻게 결정되었는가를 선포한다.

자) 산회 : 회의 시간이 예상보다 길어져서 회의 진행이 곤란하다고 판단되면 의장은

회의를 일단 산회할 수 있다. 산회 시에는 다음 회의의 속개 시간을 반드시 공지해야 한다.

속개는 산회를 끝내고 다시 개회하는 상태를 말한다.

차) 의사 진행 발언 : 회의 진행사의 어려움이나 예기치 못한 상황이 전개될 때, 희의 진행과 관련된 발언을 의장은 허용할 수 있다.

카) 회의록 낭독 : 일단 의결이 이루어지고 폐회에 앞서 의장은 서기로 하여금 회의진행 동안 이루어진 내용 및 결과를 발표하도록 한다.

타) 기타사항 : 의제와 관계없이 회의 발전을 위한 건의사항이나 상부상조건을 말하도록 한다.

파) 폐회 : 회의록 낭독을 통해 회의의 내용과 결과를 회원 모두가 최종적으로 확인하고, 이의가 없는 것으로 판명되면 의장은 폐회를 선포한다.

5. 회의의 원칙

1) 회의 공개의 원칙

민주주의 사회에서, 모든 회의는 여러 사람이 보는 앞에서 공개하여 진행하는 것을 원칙으로 삼고 있다.

2) 정족수의 원칙

정족수란 회의를 여는데 꼭 참석해야 할 인원수를 정족수라고 한다.

회칙에는 반드시 이 정족수가 정해져 있다. 만약 회칙에 정족수가 정해져 있지 않을 때에는 대개 전체 인원의 과 반수 이상이면 정족수가 되어 회의를 열 수 있다.

3) 발언자유의 원칙

회의를 할 때 누구나 해결해야 할 문제에 대한 발언을 자유롭게 할 수 있다는 원칙이다. 누구 때문에 말을 못한다든지, 누가 시켰기 때문에 거짓말을 하는 것은 이 발언 유의 원칙에 어긋나는 일이다. 자유롭게 발언하지 못하는 회의는 진정 참된 회의라고 말할 수 없다. 찬반의견이 그대로 발표되도록 해야 한다.

4) 평등의 원칙

평등이란 말은 한 사람 한 사람의 인격을 똑같이 존중해 준다는 말이다.

이 평등은 자와 여자의 구별도 없으며 늙고 젊음의 구별이 없이 의장은 이런 평등의 원칙에 따라 모든 회원을 똑같이 대우해 주어야 할 의무를 가지고 있다.

5) 다수결의 원칙

다수결이란 많은 의견을 가진 사람의 생각이나 주장에 따라야 한다는 원칙이다.

이 다수결의 원칙은 민주주의를 해 나가는데 있어서 가장 중요한 원칙 중의 하나이다.

이 원칙도 출석 인원의 과반수 즉 반이 넘지 못하였을 때에는 결정을 하지 못하게 된다.

이럴 경우에는 가장 많은 표를 얻은 두 가지만을 다시 내놓고 다수로 결정하면 된다.

다수란 두 가지 의견 중 가장 많은 의견을 말한다.

6) 일사부재리의 원칙

회의에서 한 번 부결(결정이 되지 못함)된 안건은 그 회의 도중 또는 동일회기에는 두 번 다시 내놓지 않는다는 원칙이다.

7) 한 가지 의제의 원칙

회의를 하게 되면 한 가지 일만을 할 경우보다도 여러 가지 일을 결정해야 할 경우도 있다.

이럴 경우에는 안건을 차례로 늘어놓고 한 가지씩 매듭을 지어 나가야 한다.

이것을 회의의 한 가지 의제의 원칙이라고 한다. (예, 제1호 의안)

6. 토의의 요점

토의란 어떤 의제를 놓고 회의에 참석한 사람들이 의장에게 발언권을 얻어서 자기의 의견이나 주장 등을 말하기도 하고 상대편의 의견이나 주장에 찬동하기도 하고, 반대하기도 하는 것을 말한다.

※ 어떻게 토의하는 것이 좋은지 살펴보면-

(1) 발언을 할 때에는 발언권을 얻어 반드시 의장을 상대로 해야 한다.

(2) 의제와 직접 관계가 있는 일이 아닌 말은 하지 않아야 한다.

(3) 타 회원이 발언 중에는 말을 삼가도록 한다.

(4) 자기가 큰 잘못을 저질렀을 때에는 겸손한 태도로 솔직하게 고쳐야 한다.

(5) 토의 문제에 직접 참고가 될 만한 자료나 정보는 미리 공개하는 것이 좋다.

(6) 회의 시간이 너무 길고 딱딱 할 때에는 유머를 섞어 가며 분위기를 바꾼다.

(7) 회의에 필요한 사항은 미리 메모를 해 두었다가 정확히 말하도록 한다.

(8) 회의 규칙을 잘 알고 경어를 써서 실례가 되지 않도록 한다.

(9) 감정에 치우쳐서 개인적인 인신공격은 삼가 해야 한다.

7. 의장의 역할

회칙에 별도로 정하지 않는 한 회의를 주재하는 사람을 의장이라고 표현하며 총지휘자와 같다고 말할 수 있는데 의장 자신은 사회(자)라고 호칭한다.

1) 의장의 임무

정족수를 확인하고 예정된 시간에 개회를 선언한다. 회의의 질서를 유지한다.

순서 있게 의사를 진행시킨다. 적절한 시기에 표결하도록 한다.

표결 결과도 분명히 발표한다. 공정하고 최선을 다해야 한다.

의장이 사임 또는 사망 등 부재 시에는 회칙에 특별한 규정이 없는 한 제1 부회장 또는 상임부회장이 의장직을 대행한다. 그리고 부회장(부의장)이 사회할 때에도 '의장'이라고 부른다.

모든 회의 규칙이 엄격히 준수되도록 하면서도 의사를 신속하고 원만하게 처리해야 하는 것은 의장의 수완에 달려 있다.

회의 중에는 회원들이 흥분하더라도 냉정한 태도를 유지하여 이를 무마시키도록 노력해야 한다.

모든 회의 절차를 마치고 폐회 동의가 있으면 재청 받아 폐회를 선언한다.

2) 의장의 직권

- 회의의 목적에 반하거나 순서에 맞지 않는 동의는 부당성을 지적하여 기각할 수 있다.사안에 따라 그 내용을 기타 시간에 발표하도록 유도한다.
- 의제에서 벗어나거나 질서를 어지럽힐 경우 회원의 발언을 중지시킬 수 있다.
- 회의를 방해할 경우 원만한 진행을 위해 의장은 방해자를 퇴장시킬 수 있다.
- 장내가 혼란하여 회의 진행이 어려울 경우 폐회를 선언할 수 있다. 폐회 선언 이후 결정된 사항은 전부 무효이다.
- 무기명이나 호명 표결일 경우 의장은 참석하지 않는 것이 원칙이나 특별한 규정이 있을 경우 가부동수는 의장이 결정권을 갖는다. 단, 그 결정권은 의장이 판단해서 행사한다.

3) 의장결정 공소

의장은 이상과 같은 의장의 권한을 남용해서는 안 된다. 만일 의장의 직권 활용이 지치거나 잘못되었을 경우 회원은 누구나 발언권 없이 이의 제기를 할 수 있는데 이 이에 대하여 의장이 상정하지 않고 자신의 재량으로 물리쳤을 경우에는 이에 대하여 불이 있으면 공소를 제기할 수 있다.

의장 자신에 관한 문제나 불신임안이 제출되었을 때에는 그 안이 처리될 때까지 사회를 할 수 없으며 불신임안이 가결되면 곧 의장직에서 물러나야 한다.

공소는 반드시 결정 직후에 해야 하며 과반수의 찬성으로 가결된다.

4) 의장이 할 일

- 사전에 회의 의제를 정하고 준비해야 한다.
- 회의를 어떻게 진행할 것인가를 심사숙고 해야 한다.
- 일정한 시간에 마무리 짓는 능력이 있어야 한다.

5) 의장의 태도

- 직무를 성실히 품위 있게 수행해야 한다.
- 겸양 심을 가지고 회원들의 인격을 존중한다.
- 인내심을 가지고 온화하게 회의를 진행한다.

- 공정심을 가지고 절대적인 회원들의 신임을 받도록 힘쓴다.
- 세련된 사교성을 가지고 밝고 부드러운 분위기를 조성한다.
- 적당한 유머로 긴장된 분위기 조절 및 상호간의 화합을 도모한다.
- 친절한 태도로 회원들을 격려하고 토론에 참여토록 유도해야 한다.

8. 의안 처리와 회의록

1) 의안 처리

의안이란 회의 때 무엇을 다룰 것인가 하는 안건을 말한다. 이 의안은 회원의 동의에 의하여 제출되는데, 먼저 의장에게 발언권을 얻은 다음, '……할 것을 동의합니다."라고 말한다.

의장은 회원이 제출한 의안의 요점을 간단히 설명한 후, "이 동의에 대한 재청이 있으니까?"하고 묻는다. 재청이란 동의를 찬성한다는 뜻이다. 재청이 있으면 이 의안은 정의되나 만약 동의에 재청이 없으면 이 의안은 채택이 되지 않는다.

그런데 동의한 안에 다른 의견이 있을 경우에는, "……한 동의에 개의합니다."라고 한다. 그리고 이 의에 찬성할 경우에는, "개의에 찬성합니다."하고 말하면 된다. 만약 이 때 즉, 동의와 개의가 서로 팽팽히 맞설 때에는 의장이 표결에 부쳐서 결정한다.

과반수 이상이 찬성해서 가결이 되어야 의안이 채택된다.

2) 회의록

모든 회의는 반드시 회의록에 기록하여 근거를 남겨 두어야 한다. 이 회의록의 기록은 대개 미리 정해진 서기가 하게 되는데, 만약 서기가 정해져 있지 않을 때에는 의장이 지명할 수 있다.

이 회의록에는 다음과 같은 것을 기록해야 한다.

회의의 종류, 회의 장소와 날짜, 의장과 서기의 이름, 출석한 사람의 수, 지난 회의 때 기록한 내용의 실행 또는 처리의 여부, 동의를 제출한 사람의 이름과 결의된 사항, 타 토의된 내용, 개회 폐회된 시간, 그 밖에 참고로 적어야 할 사항 등이다. 작성된 회의록은 다음 회의에 발표하여 확인을 받거나 공람 하도록 한다.

9

내성적인 성격 고치기

1. 사실을 직시하라

1) 내성적 성격을 극복하려면 여러분이 정말 싫어하는 생활 태도를 갖도록 자신에게 강요해서는 안 된다. 조용한 것을 좋아한다고 해도 그것이 반드시 내성적인 성격을 의미하는 것은 아니다.

2) 그러나 그 경우, 조용함에 대한 욕구가 타인을 피하고 싶다는 신경증적 충동에 바탕을 두고 있지 않다는 것을 분명히 확인해야 한다.

3) 만일 내성적인 성격 때문에 타인과 있을 때 불안을 느낀다면 그것을 솔직하게 인정해야 한다.

4) 결코 자신을 기만하려고 해서는 안 된다. 또한 고독을 좋아한다고 자신을 정당화하지 말아야 한다.

5) 내성적인 성격을 극복하기 위해서는 왜 자신이 내성적인가, 그리고 그것이 자신에게 어떤 영향을 미치고 있는가를 알아내야 한다.

2. 내성적 성격의 시작

1) 타인과의 관계가 고통과 굴욕으로 이어질 때 여러분은 내성적으로 된다.

2) 이러한 상태는 보통 여러분이 아직 경험이 적고 혼자서 처신하거나 사물의 가치를 올바로 판단할 수 없는 유년기에 시작된다.

3) 어린 시절에 느낀 긴장이나 불쾌감은 그 불쾌한 경험을 조금이라도 생각나게 하는 상황에 처하게 되면 되살아난다.

4) 그러나 어쩌면 여러분의 내성적 성격은 사람들과 만날 기회가 적고, 그 때문에 마음

의 평정을 잃었기 때문인지도 모른다. 그렇다면 처음에는 아무리 불편하게 느껴질지라도, 여러분은 좀 더 교제를 넓혀야 한다.

5) 또한 여러분은 신체적 결함이 있기 때문에 혹은 매력이 없다고 생각하여 내성적인 사람이 되었는지도 모른다. 그러한 열등감은 여러분의 의식이 자신에게 집중되어 있는 경우 엄청나게 과장된다.

여러분의 관심을 부디 주위 사람들에게 돌리도록 하라.

3. 마음가짐

1) 여러분의 약점이나 어려움에 대해서 항상 건설적으로 대처하라.

2) 자신을 실패자로 생각하는 것은 주위 사람들의 기분을 상하게 만드는 따분한 인간이 될 뿐이다.

3) 대부분의 사람들이 실패하는 것은 '태어나면서부터 실패자'이기 때문이 아니라 지나치게 많은 것을 원하기 때문이다.

4) 칭찬 받고 싶고 주목받고 싶다는 충동을 조절하라. 그러한 충동에 사로잡히면 타인의 마음에 들려고 지나친 걱정을 하거나, 지나치게 긴장하거나, 사람들 사이에서 어색하게 행동하게 될 뿐이다.

5) '여러 사람들 가운데 한 사람'으로 간주되는 것에 만족한다면 다른 사람과 함께 있어도 훨씬 마음이 편해질 것이다.

4. 긴장을 조절하라

1) 다른 사람이 당신을 주시하거나 비판하고 있다고 생각하지 말라. 그런 일은 없으니까 말이다.

2) 긴장하거나 겁먹을 일은 없다고 늘 자신에게 들려주라.

3) 하나하나의 근육을 푸는 동시에 마음의 긴장을 풀어라.

4) 의식적으로 고상하게 행동하려 하지 말라. 그렇게 하면 자의식 과잉이 되기 때문이다.

5) 자신의 일을 생각하는 것을 그만두고 타인의 일이나 타인의 대화에 진지한 관심을 갖도록 하라.

5. 신경과민의 증상

1) 불쾌한 일을 해야 할 때에는 잠재의식이 항상 그것을 뒤로 미룰 이유를 만들어 준다.

2) 그 이유는 처음에는 막연한 불쾌감이지만, 쉴새 없이 생각을 집중하고 있으면 차츰 더 강하게 인식되어 마침내는 과장이 되어 신체적 증상으로 나타난다.

3) 그 증상은 긴장하고 있다는 것을 의미하는 것 이외에는 중요한 의미가 없다.

4) 그 증상은 중요시해서는 안 된다. 신경을 쓰지 않으면 않을수록 고민이 적어진다.

5) 자신의 일이나 개인적 감정보다는 다른 사람의 일에 더 많은 관심을 갖도록 노력하라.

6. 당신과 타인

1) 그냥 안면이 있는 사람과 참다운 친구를 혼동해서는 안 된다.

2) 만나는 사람 모두에게 호감을 받고 싶다든가 관심의 대상이 되고 싶다는 충동을 조절해야 한다.

3) 타인의 동정을 기대해서는 안 된다.

4) 타인의 마음의 움직임에 대해서 과민한 것은 여러분의 감정이 타인에게 좌우당하고 있다는 증거이다. 그것을 바꾸지 않으면 여러분의 마음은 끊임없이 상처를 입게 될 것이다.

5) 타인이 까다롭게 보이는 것은, 여러분과 마찬가지로 소심함 때문에 고민하고 있기 때문인지도 모른다는 것을 잊지 말아야 한다.

7. 친구의 필요성

1) 친구의 기회를 만드는 기회가 될 수 있는 관심이나 취미를 찾아야 한다.

2) 누군가를 좋아하게 되면 그 사람과의 교제가 즐겁고 좀 더 친하게 교제하고 싶다는 심정을 태도로 타내야 한다.

3) 친구를, 끊임없이 여러분의 고민을 들어주는 사람으로 대하면 안 된다. 또 그 친구의 관심을 독점하고 싶다는 생각은 버려야 한다.

4) 여러분의 동정이나 이해를 아낌없이 친구에게 주어야 한다. 또한 신뢰할 수 있는 사람이라는 평판을 얻어야 한다.

5) 친구를 격려자로 생각해야지 자신의 열등감이나 불만감을 메우는 보상 수단으로 삼아서는 안 된다.

8. 어색한 순간

1) 타인의 비평에 신경을 쓰지 말아야 한다.

2) 정직하게 최선을 다하는 것으로 만족하고 쓸데없는 걱정은 하지 말아야 한다.

3) 늘 편안한 마음으로 있도록 하고, 타인에게 잘 보이겠다는 희망을 억제해야 한다.

4) 사려가 부족한 사람이나, 소수이긴 하지만 고의적으로 불친절한 사람과 교제할 때에는, 그 영향으로 열등감을 갖거나 우울해지지 않도록 주의해야 한다.

5) 누구에게나 마음이 불편할 때가 있는 법이다. 다른 사람들이 그렇게 보이지 않는 것은 '무표정한 얼굴'로 숨기고 있기 때문이다.

9. 마지막 충고

1) 여러분 자신의 일이나 자신의 근심에 대해서 24시간 내내 생각하지 마십시오. 그것보다는 자신 이외의 세상일에 더 관심을 가지십시오. ▷ 여러분 자신을 긴장시키지 마십시오. 그럴 때에는 항상 심신을 의식적으로 편하게 가지십시오.

2) 얼굴이 붉어지는 것과 같은 신경과민의 증상에 신경을 쓰지 마십시오. 신경을 쓰지 않으면 않을수록 증상은 감소됩니다. 비록 아무리 고통스럽고 어색하더라도 앞으로 밀고 나가야 합니다.

3) 다른 사람이 어떻게 생각할까 하고 신경을 쓰지 마십시오. 남의 마음에 들려고 안간힘을 쓰는 것은 어리석은 짓입니다.

4) 타인에게서 관심이나 동정을 기대해서는 안 됩니다. 타인이 냉담하다고 해서 낙심할 것도 없습니다. 세상 사람들에 의해 감정적으로 좌우되지 마십시오. 그리고 자립정신을 키워나가십시오.

5) 자기는 외롭도록 운명 지어져 있다고 생각하지 마십시오. 당신을 바쁘게 만들 한두

가지 취미를 갖도록 하십시오. 그러면 그것은, 사람들과 만나거나 친구를 만드는 기회를 제공해줄 것입니다.

6) 여러분 이외에도 내성적인 사람들이 많이 있다는 것을 잊지 않도록 하십시오. 이쪽에서 손을 뻗치면 대부분의 사람들은 틀림없이 그것에 응해 줄 것입니다.

7) 대다수의 사람은 자신의 생활만으로도 너무나 바빠서 다른 사람을 비판할 틈 같은 것은 없다는 것을 잊지 마십시오.

8) 친구를 넋두리의 상대로 삼지 않도록 하십시오. 도 친구의 애정을 독점하려고 생각해서는 안됩니다.

9) 다음의 사실을 명심해두십시오. 신뢰할 수 없는 '아는 사람'이 많이 있는 것보다는, 비록 소수라도 신뢰할 수 있는 친구가 있는 쪽이 훨씬 좋은 것입니다

10
생각 바꾸기 훈련법

1. 실패에 대한 두려움

이것은 아주 질기고 굵은 밧줄입니다.

실패하거나 뜻을 이루지 못하고 설치기만 하고 주저앉고 싶을 때, 친구나 주위 사람들이 비웃고 냉소하거나 멀어질 것이라는 생각, 그리고 자존심의 상처와 체면손상 등으로 자신이 비참해질 것이라는 생각입니다.

실패했다고 나에게 손가락질하고 떠나는 친구는 참된 친구가 아닙니다.

이때야말로 격려와 용기를 주는 진실한 친구를 발견할 수 있는 기회입니다.

거북이도 머리를 갑옷 속에서 내밀 때만이 앞으로 전진할 수 있다고 하지 않습니까?

'벤자민 플랭클린'은 '많은 일을 시도한 사람은 많은 실수를 저지른다. 그러나 가장 큰 실수는 아무 것도 하지 않는 것이다.'라고 했습니다.

앨런다운스의 "리더여, 두려움을 극복하라"에서 유능한 리더는 공포심과 투쟁에서 이긴 사람이라고 했습니다. 성경에도 '마음을 강하게 하고 담대히 하라. 두려워 말고 놀라지 말라.

네가 어디로 가든지 네 하나님 여호와가 함께 하느라'라는 말씀이 있습니다.

2. 망설임

'아직 난 완전치 않아' '완전하게 된 다음 해야지' '다음에 해야지' 등의 생각들은 여러분이 뭔가를 할 때 망설이게 합니다.

이러한 경우, 완벽주의 때문이거나 자신감의 결여가 됩니다.

혹은 현재에 안주하고픈 안일함이나 게으름이 원인이 되기도 합니다.

완전하지 않아도 계속 노력하는 중에 많은 것을 배우게 되고 점점 나아지므로 용감하게 사십시오. 기회란 항상 있는 것이 아닙니다.

육체 단련에 있어서도 훈련을 멈추면 근육이 쇠퇴하듯 망설이고만 있으면 정신은 퇴보할 것입니다. 벌떡 일어나 밧줄을 끊는 작업을 시작합시다. 땀을 뻘뻘 흘리면서 때로는 상처를 입기도 하면서 큰 소리로 구조를 요청해서 호랑이 도움을 받기도 하면서 말입니다.

3. 과거의 실패와 실수, 수치와 불쾌한 기억

과거의 경험이 자신을 꼼짝 못하게 하는 족쇄로 작용하는 경우가 흔히 있습니다.

그러나 피해야 할 장애물을 재빨리 알아차릴 수 있는 나침반으로 작용할 수도 있습니다. 이것은 전적으로 당신의 생각에 달려 있습니다.

'신이 아닌 이상 사람인데, 실패도 할 수있지 뭐. 다음엔 조금 더 조심해야지.' '남들이 뭐라고 해도 그것은 잠시 뿐이야, 흔들리지 말아야지.' 라고 생각한다면 전화위복의 기회로 만들 수 있습니다.

4. 절망적 상황

'조개는 상처가 나지 않으면 조개로 있지만 상처가 나면 진주가 될 수 있다.' 라는 말이 있습니다.

문제나 절망적 상황은 성장할 수 있는 기회의 시련이고, 시련을 이겨냄으로써 더 성숙해지고 겸손해질 수 있습니다. 그리고 오히려 성공할 수 있는 기회가 되기도 합니다.

절망적 상황이나 어려운 문제들은, 그 문제 어딘 가에는 기회로 사용할 만한 해답이 있을 것이며, 아무리 어려운 문제라도 해결할 수 있는 열쇠가 있습니다.

우리 속담에도 '하늘이 무너져도 솟아날 구멍은 있다' 라는 말이 있듯이 '방법은 있어. 결코 포기하지 않겠어. 그러므로 나는 결코 패배하지 않아.' 라는 각오로 문제에 부딪혀 보세요.

'높은 산이 앞을 가로막는다 해도 결코 단념하지 않으리라. 계속 도전하며 산을 오르고, 길을 발견하고 터널을 뚫고 통과하리라. 만약 그렇지 않는다면 나는 그 산 위에 머물러 그 산을 변화시키리라.' 라고 여러번 읊조리는 것도 좋은 방법이 됩니다.

11

변화를 위한 로드 맵

“어제와 같은 내일을 살고 싶은가?”라고 물으면, 대부분 많은 사람들은 다르게 살고 싶다고 대답한다.

어딘가 변화를 주고 싶고, 무언가 다른 느낌의 미래를 만들고 싶다고 한다.

“그렇게 살면 되지 않느냐?”고 반문해 보지만, 변화가 쉽지 않은 건 필자 또한 마찬가지이다.

어느덧 21세기도 6년째로 접어든다.

새로운 천 년을 맞이한다고 아우성을 쳤던 2000년대도 곧 4년이 지나간다.

급변하는 불확실성의 시대, 모두가 변해야 하고 무조건 변화를 추구하자는 이야기는 아니지만, 전통과 관습, 도덕률과 윤리와 같이 지켜야 할 건 또 지켜야 한다고 강조하면서, 지킬 건 지켜 가면서 발전을 위한 변화를 조화롭게 이끌어 가는 게 지혜로움이 아닐까 한다.

어떻게 변할 것이며 무슨 변화를 이끌자는 것인가?

변화를 추구하는 과정에 뾰족한 원칙은 없을까?

변화를 통한 발전과 성공의 7단계를 만들어 보자.

1. 매일 매일의 보다 나은 작은 변화와 선택

아침에 일어나는 시간을 어제보다 조금만 빠르게 조절한다든가, 서점에서 책을 고를 때 재미있고 쉬운 책보다는 조금 어렵거나 지루하게 느껴지더라도 지적(知的) 호기심을 채워 주고 오랫동안 기억하고 싶을 책을 선택하는 습관을 만들어 보는 거다. 늘 만나는 사람만 만나려 하지 말고, 부담스럽고 어색하지만, 도움을 받을 수 있고 배울 게 있을 만한 사람을 만나려 해 본다.

도움을 요청하는 사람이 있으면 앞뒤 계산하지 않고 나서서 도와 줄 수 있다면 그 의미는 더욱 클 것이다. 고객을 만나러 갈 때 잠시 머물러, 고객이 원하는 바를 다시 한 번 생각해 보고 빠진 게 없도록 준비하는 시간도 가져야 한다. 하는 일에 대해 자신감을 갖기 위해 전문서적을 다시 한 번 뒤적거려 보고, 경험자나 선배를 찾아가 더 깊이 묻고 배우는 시도해 본다. 혼자 고민하고 갈등하는 시간을 줄이고 움직이고 실천하는 시간이 많아지도록 한다.

서두르지 말고, 멀리 바라보면서, 매일매일 조금씩 변해보려고 꾸준히 노력하는 거다.

2. 보다 나은 습관의 개발

그런 식으로 하루하루를 변화시키고 남다른 선택을 하다 보면 자기도 모르게 습관이 달라진다. 일어나는 습관, 책을 선택하는 버릇, 사람을 찾아다니고 배우려는 자세, 고객을 대하는 마음, 일을 하고 돈을 버는 생활 습관, 직무 수행에 있어 효율을 생각하고, 회의에 참석할 때는 효과를 고려하는 사고방식과 태도를 습관화 한다.

어색함이 없어지고 부끄러움이 줄어들며, 자기도 모르게 생활이 바뀌는 걸 느끼게 될 것이다. 작은 습관의 변화도 쉽지 않지만, 하나씩 한 가지씩 바뀌어 가는 모습은 보기에도 좋고, 결과도 달라질 수밖에 없다. 행동이 바뀌는데 어찌 결과가 같을 수 있는가?

3. 좋아지는 성격과 성품

습관이 변하면서 결과가 달라지고, 새로운 현상을 이해하기 시작하면서 성격이 달라진다.

다양한 사람들을 만나면서 성격이 온화해지고 그들과의 어울림을 통해 타인에 대한 이해심이 깊어지고, 역사와 철학, 문학 등 속 깊은 책을 읽으며 사물에 대한 식견이 정립(正立)되고, 업무의 이해도와 직무에 대한 전념도가 높아지면서 성품과 인격이 달라진다.

머지않은 시일 안에 만나는 친구로부터 성격이 좋아졌다는 말을 듣게 된다. 나이가 들고 세월이 흘러야 철이 드는 게 아니라, 노력한 만큼의 깊이와 넓이에 따라 인품은 달라질 수 있다.

4. 보다 가치 있는 것

습관이 바뀌고 성품이 달라지면서 당연히 새로운 가치를 발견하게 된다. 평소 읽지 않던 책을 가까이 하고 자주 만나지 않던 사람들을 만나면서. 해 보지 않은 일을 하면서 배우고 느끼는 게 달라지면서, 이 모든 습관과 성품이 보다 새로운 느낌으로 다가 온다는 사실을 알게 된다.

예전엔 보이지 않았던 기회를 발견하게 되고 사람과의 만남이 돈이 된다는 걸 알게 되고, 비즈니스의 철칙을 발견하게 된다. 주어야 받을 수 있고, 모든 것에는 시간이 걸린다는 쉬운 원리를 이해하게 된다. 보이지 않는 가치에 대해 존엄성을 부여하게 되고, 간단하고 쉬운 일에 최선을 다해야 하는 의미를 인식하게 된다.

5. 더 크고 나은 기회의 발견

색다른 사람을 만나러 다니고, 평소와는 다른 책을 읽고, 아주 특별한 고객을 찾아다니고, 몸 담고 있는 분야와는 다른 곳을 넘나들고, 다양한 전문가들의 모임에 참여하면서, 새로운 가치를 발견하고 느끼게 된다. 보이는 것만 보고, 듣고 싶은 것만 듣다가 보이지 않던 것도 보게 되고 듣기 싫은 이야기도 듣다 보면 또 다른 기회가 눈에 띈다.

엉뚱한 곳에서 아이디어를 얻어 전혀 예측하지 않은 상품이나 기술을 개발하게 되고, 뜻하지 않는 고객을 발굴하여 큰돈을 벌게 되는 기회를 얻는다.

새로운 고객이 또 다른 고객을 소개시켜 주기도 하고, 고객을 통해 추천을 받기도 한다. 가만히 앉아 고민하면서, 늘 같은 사람들끼리 어울리면서, 매일 같은 습관으로 생활하면서, 똑 같은 책만 읽으면서 뭔가 색다른 삶을 추구하는 것은 오히려 이치에 맞지 않을지도 모른다.

6. 더 많은 기여와 공헌을 꾀하게 됨

소비자가 생각하지 않은 상품을 개발하여 그들을 기쁘게 해주고, 기존 수준을 뛰어 넘는 기술을 개발하여 삶의 질을 높이는 것은 인류에 대한 공헌이며, 인간 존재의 가치이다.

누군가에게 도움이 될 만한 사람을 소개시켜 주고, 자신이 아는 것을 조건 없이 알려 주며, 갖고 있는 정보나 자료를 나누어 아낌없이 주는 것은 자신에게 되돌아 올 가치를 먼저 만들어 놓는 일이다.

자신의 조그만 변화와 역할이 사회 발전과 기업의 성장에 기여할 수 있다고 느끼기 전에 스스로 변화된 모습에 놀라기도 한다.

7. 더 크고 값진 보상을 가져 오리라

결론은 간단하다. 생활의 습관을 바꾸고, 하루하루의 선택이 달라지면서 성격이 달라지고, 인품이 격상된다. 그런 가운데 많은 사람들로부터 다른 가치를 인정받게 되고, 그것이 기회가 되어 비즈니스와 사업, 자신의 직무 수행에 도움을 받게 된다.

이 모든 것은 자기가 속해 있는 조직이나 주변 사람들에게 도움을 주고 그들의 발전에 작은 기여를 하면서 자기도 모르는 새에 보상이 따라 온다. 벌어야 할 돈부터 계산하고 상대방으로부터 얻을 이익부터 생각하면서 움직이고 기대하는 데에는 한계가 있다. 무조건 부딪히면서 따지지 않고 일을 하면서, 부지런히 움직이며 변화를 이끌어 가다 보면 어느 날, 자신의 가치는 색다른 곳에서 발견하게 된다. 물론, 이런 모든 과정을 알면서 행하지 않는다면 아무 소용이 없다는 점을 빼 놓을 수 없다.

12

변화와 혁신

급변하는 21세기를 살고 있다.

자신감을 갖고 용기와 도전 정신으로 변화에 적응하고 변화를 이끌어 갈 수 있는 사람이 성공할 수 있다고 한다. 성공과 실패 여부를 떠나 변화와 혁신에 대한 몇 가지 유형을 생각해 본다.

※ 변화의 종류에 어떤 것들이 있는지 단계별로 살펴본다.

1. 옳은 일을 하는 것이다.

옳지 않은 일은 지금 당장 하지 않는다. 누구나 옳은 일을 하고 있다고 생각할 수 있지만, 일부는 바람직하지 않지만 해야 하는 일이기 때문에 억지로 하는 경우도 있다. 부담할 수 없는 상황의 돈을 쓴다든가 지키지 못할 약속을 한다는 것은 옳지 않다. 다른 사람에게 상처를 주거나 피해를 주는 일은 옳지 않다. 그런 본의 아니게 그런 일을 하게 되지 않도록 주의하는 것도 필요하다.

2. 일을 올바르게 하는 것이다.

결과도 중요하지만 과정도 중요하다. 해야 할 일을 올바른 방법으로 한다. 어떤 수를 써서라도, 수단과 방법을 가리지 않고 결과만 얻으려고 한다면 일을 추진하는 과정에서 다른 사람에게 피해를 주거나 상처를 줄 수도 있다. 급하지도 않은 일을 가르쳐 준답시고 이리저리 시험을 하는 것은 시간 낭비이다. 보다 효과적으로 가르쳐 주고 다른 일을 또 할 수 있게 하면 좋겠다.

3. 좀 더 낫게 하는 것이다.

해야 할 일을 보다 효과적이고 효율적으로 하는 것이다. 비용과 효과를 비교하거나 창의적인 방법을 검토하여 나은 방법과 과정을 선택하는 것이다. 어제보다 나은 방법으로, 지난 번보다 발전적인 모습으로, 지난 주보다 효과적인 행동으로 움직이는 것이다. 보다 고운 언어를 선택하고, 보다 품격 있는 어휘를 골라 쓰는 것도 변화의 하나이다.

4. 그 일을 하지 않는 것이다.

바람직 하지 않거나 그만두어야 마땅한 일은 당장에 그만 두는 것이다. 올해 안에 담배를 끊겠다고 결심하는 게 아니라 지금 끊는 것이다. 좋지 않은 습관은 즉시 중단한다. 부정적이거나 비관적인 의식에 사로잡혀 있는 사람을 멀리하는 것도 "그 일을 하지 않는 변화"의 하나일 수 있다. 자주 쓰는 언어 중에 바람직하지 않은 표현을 쓰지 않는 것도 이에 해당한다.

5. 남들이 하는 것을 따라 한다.

성공하는 사람들이나 앞서 가는 사람들이 하는 것을 따라 해 본다. 발전적인 모습으로 귀감이 되는 분들의 언행을 따라 하고, 희생정신과 봉사의 마음으로 남을 돕는 분들과 어울려 보는 방법도 있다. 밤새워 일하는 사람들 곁에서 함께 밤을 새거나 봉사활동을 하는 분들의 말씀을 들으며 고개를 끄덕이는 것도 따라 할 수 있는 계기를 마련해 준다.

6. 남들이 하지 않는 것을 한다.

남들이 해보지 않은 것을 해보거나, 전혀 생각할 수 없는 일을 시도해 보는 거다. 사업도 그렇고 장사도 그렇고 공부도 그렇다. 전혀 어울리지 않을 만한 일을 해보면서 얻는 쾌감도 느껴 보고, 하는 일과 전혀 관계가 없는 공부를 하고 책을 읽으면서 또 다른 희열에 빠져 보는 즐거움도 가져 본다. 이왕이면 사람에게 도움이 되고 이웃들에게 가치를 줄 만한 일들이면 좋겠다.

7. 아무도 할 수 없는 것을 한다.

남들이 할 수 없다고 했던 것, 자신도 할 수 있다고 예측해 본 적이 없는 것들을 해보는 거다. 나이가 더 들기 전에, 세월이 더 가기 전에 마음에 두고 있거나 생각으로 가득 찼던 것들을 해보는 거다. 과거엔 할 수 없다고 하면서 상상조차 해보지 않았던 일들이 지금 실현되고 있지 않은가?

위 모든 것들이 변화와 혁신의 기반이 된다. 거룩하고 위대한 작품과 기묘하고 이상한 과학의 문명들은 모두 이런 과정을 통해 탄생하며, 이 모든 것들은 변화를 이끄는 사람들에 의해 나타난다. 아주 특별한 사람만이 변화를 이끌고 혁신을 이루어 내는 건 아니었다.

다만, 말이나 생각으로만 되는 건 아무 것도 없다는 사실에 유의할 필요가 있다.

13

수줍음을 극복하기 위한 방법

1. 불안을 극복하라.

빨리 뛰는 맥박과 소용돌이치는 뱃속을 다스리기 위해서는 긴장을 이완시키는 방법을 배워야 한다.

숨을 깊이 느리게 들이마시고 내쉬는 간단한 호흡법을 사용하라. 어떤 만남이나 모임에서 급한 불안을 경험할 때 잠시 그대로 머물러 있는다면 그것을 극복할 수 있다.

만일 불편함에 승복하여 5분 만에 그 자리로부터 도망친다면 당신은 스스로에게 실패를 약속하는 것이다. 그 자리에 머무르라.

2. 땀나게 뛰어라.

성공처럼 성공을 부추기는 것은 없다. 성공할 가능성이 높고 덜 위험적인 만남이나 대화의 기회를 만들어 거기에서부터 시작한다. 라디오와 청취자가 전화 프로그램에 전화하여 말할 기회를 만든다.

3. 대면해서 말하라.

그리고 나서 대면한 상태에서의 사소한 대화 기술에 도전하라. 전철 안의 옆 사람이나 물건 파는 사람과 짧은 일상적 대화를 시작하라. 그러한 상황에서 대부분의 사람들은 가벼운 대화로 시간을 보내는데 대해 매우 적극적인 반응을 보일 것이다.

싸움의 반은 말할 것을 만드는 것이므로, 준비하라. 신문을 훑어보며 대화의 주제를 찾으라. 그리고 당신이 말할 것을 몇 번 연습하라.

4. 미소하며 눈을 맞추라.

당신이 미소할 때, 당신 주위에 온정적인 매력을 내뿜는 것이다.

사람들은 당신에게 주의를 기울이게 될 것이고 당신에게 미소를 보낼 것이다. 당신이 얼굴을 찡그리거나 당신의 발끝을 내려다 볼 때 당신은 사람들에게 존재하지 않는 것과 같으며, 더 나아가서 부정적인 느낌을 내뿜는다.

일단 당신이 눈을 맞추면 당신은 "엘리베이터는 느리군요."와 같은 일상적인 대화를 위해 문을 열어 놓은 것과 같다. 대할 때 언제나 눈을 맞추어라. 이것은 당신이 듣고 있고 관심을 가지고 있음을 표시한다.

5. 칭찬하라.

사교적 성공을 위한 가장 빠른 길은 칭찬하는 것이다. 이것은 사람들로 하여금 자신에 대해 기분 좋게 만들며, 당신과 대화하는 것을 좋아하게 만든다. 매일 누군가를 칭찬하라.

6. 칭찬을 받아들이라.

칭찬하는 사람에게 곧바로 감사하고 곧 칭찬을 되돌려 주라. "그렇게 칭찬해 주시다니 감사합니다. 당신은 옷 입는 맵시가 언제나 멋있습니다." 이것을 본격적인 대화를 위한 출발점으로 삼으라. 그가 넥타이나 옷을 어디서 샀는지 자세히 물어보라.

7. 나쁜 상상을 하지 말라.

모든 상황에서 가장 나쁜 가능성을 기대함으로써 수줍은 사람들은 자신을 망친다. 그들은 불안 해지고 말을 더듬기 시작하며 그들이 말하고자 하는 것을 잊어버린다.

일단 당신이 그 두려운 만남 속에 자신을 실제로 던지면 그것은 당신이 생각했던 것보다 훨씬 쉬워질 것이다. 그 때 서야 당신은 당신이 실패하리라는 기대가 얼마나 어리석은 것이었던 것인가를 깨달을 것이다. 당신의 직장동료에게 그가 그의 일을 좋아하는 지를 물어 보라. 일단해보라.

지금은 고인이 된 저명한 심리학자 윌리엄 몰턴 마스턴은 직업적인 성공문제로 고민하다가 그를 찾아온 사람들에게 "리허설 훈련법'을 권하곤 했다.

그의 방법은 입사면접을 준배 해야 하는 사람들에게 효과가 있다.

우선 인터뷰에 대한 계획을 세워라.

또한 예상되는 모든 유형의 질문을 머릿속에서 검토하라.

그리고 예상 답변에 대해 생각하라.

그 다음에는 마음속으로 인터뷰 광경을 떠올려 보라.

비록 예상한 질문이 하나도 나오지 않는다고 해도 이런 종류의 예행연습은 놀라운 효과가 있다.

즉 자신감을 얻게 되는 것이다.

비록 실제 인생에서는 무대 위의 연극처럼 예행연습을 할 수 없지만, 순간적인 반응은 충분히 연습했기 때문에 어떤 상황에서도 즉흥적이고 자연스럽게 대응할 수 있는 것이다.

14

멘탈 트레이닝 방법

1) 먼저 숨을 내뱉고, 천천히 크게 숨을 들이켠다.

들이켤 때 세상의 여러 가지 좋은 것들을 들이켠다는 기분으로 '아, 좋다' 라고 한다. 마음으로부터 좋다고 생각하면서 숨을 들이쉰다.

2) 그리고 천천히 숨을 뱉으면서, 좋은 것들을 들이켰으므로 답례하는 감사의 기분으로 '고맙다' 라는 생각을 한다.

3) 마음속으로 다시 '좋다', '고맙다' 는 생각을 한다. 누구에게 고마운지, 무엇이 좋은지는 생각하지 않는다.

4) 그러면 몸 전체의 세포가 즐거워하며 기쁨의 반응으로 손이 따뜻해지는 것을 느낄 것이다. 또 고맙다고 생각하면 전신이 따뜻해질 것이다.

5) 그런 자기 몸의 변화를 의식하면서 '좋다', '고맙다' 를 반복한다. 재미있는 것은 '좋다' 라고 생각하면 정말 앞으로 좋은 일들이 많이 생긴다는 것이다. 신이 아니라 자신의 힘으로 좋은 일을 만들어 내고 발견하는 능력이나 힘에 눈뜨게 된다.

6) '좋다', '고맙다' 는 간단한 비법이지만 정말 행복해진다. 혹시 실수로 넘어져 무릎이 벗겨지고 피가 날 때는 "누가 여기에 이런 것을 놓아둔 거야! 위험하잖아"하고 화를 내겠지만 이 연습을 하고 나면 달라진다. 넘어져서 아프기는 하지만, "아, 다행이다. 골절하지 않아서 다행이다"하고 생각하게 될 것이다.

7) 좋았다고 생각하면 치유력, 곧 낫게 하는 힘이 강해지기 때문에 빨리 낫는다. 꼭 자기 전에 한다. 아니면 아침에 눈을 떠서 "잘 잤다. 기분 좋다"라고 말해 본다.

15

인간관계원칙

1. 비난이나 비평, 불평하지 마라.

다른 사람을 비난한다는 것은 바로 당신이 스트레스를 받고 있음을 나타낸다. 성숙한 리더는 결코 그렇게 행동해서는 안 된다.

2. 솔직하고 진지하게 칭찬하라.

구체적인 행위에 근거한 칭찬이어야 한다. 그렇지 않으면 아첨이 될 것이다.

3. 다른 사람들의 열렬한 욕구를 불러 일으켜라.

당신이 판매하는 모든 아이디어를 상대방의 이익에 결부시켜라.

4. 다른 사람들에게 순수한 관심을 기울여라.

가족 및 다른 사람들에게 순수한 관심을 기울이면, 돈으로도 살 수 없는 신뢰와 사랑, 믿음을 얻을 것이다.

5. 미소를 지어라. 누구라도 함께 일하고 싶은 리더가 되고 싶은가?

그러면 미소를 잃지 마라.

6. 상대방의 이름을 기억하라.

성공한 지도자들은 대개 종업원들의 이름을 기억하는데 명수들이다.
이 원리를 실천하는 데는 노력이 필요하다. 그리고 노력 뒤에는 언제나 큰 성과가 뒤따른다.

7. 남의 말을 잘 들어주는 사람이 되어라.

리더가 결정을 내리기 위해서는 정보가 필요하다.
최 일선에서 일하는 사람들에게 무슨 일이 일어나고 있는지 당신에게 얘기할 기회를 주는 것보다
좋은 방법이 있겠는가?

8. 상대방의 관심사에 대해 이야기하라.

우리들은 모두 자기 자신에 대해서만 생각하기 쉽다. 그러나 이제는 상대방에 대해 생각해야 할 때이다.

9. 상대방으로 하여금 중요하다는 느낌이 들게 하라.

“내 일이 중요한 것이 되게 해주면, 나는 당신을 위해 열심히 일하겠다.”
이것이 아마 당신이 성공한 이유이고, 또 당신의 부하직원을 성공하게 할 것이다

16

열등감을 물리치는 방법

1. "나는 반드시 해낸다!"라는 말을 자주한다.

열등감은 자신이 어떤 사람인지 정확하게 판단하지 못하도록 만든다.

그래서 스스로를 무시하는 태도를 갖게 하며, 자신의 역량을 과소평가하게 만드는 동시에 무기력함을 느끼게 한다. 이 때문에 무슨 일을 하든지 포기가 빠르고, 자립심이 부족하여 결과적으로 제대로 하는 일이 하나도 없다.

2. 작은 목표부터 하나씩 이루어라.

사람들이 보통 자신이 무능하다고 여기는 순간은 언제나 난관에 부딪혀 실패한 직후이다. 실패에서 오는 열등감은 자신을 의심하게 만든다. "내가 과연 다시 일어설 수 있을까?" 물론이다.

이제부터는 단번에 최고가 되려는 욕심을 버리고 적절한 목표를 세우자.

작은 일이라도 하나씩 이루어 나가는 기쁨은 정신건강에 도움이 될 뿐만 아니라, 자신감을 되찾는 지름길이다.

3. 허영심을 버려라.

열등감을 가진 사람과 교만으로 가득 찬 사람의 내면은 어떤 차이가 있을까?

이 둘은 꽤 상대적으로 보이지만, 사실 생각 하나의 차이다.

열등감이 강한 사람은 일반적으로 자존심도 그만큼 센 사람이다. 그리고 그러한 사람은 자존심에 상처를 입을까 불안 해 하는 경향이 강해 심리적 부담을 많이 가져 긴장을 하게 된다. 즉, 강한 자존심이 긴장을 유발시켜 열등감을 부채질하는 것이 되는 것이다.

4. 괴로운 과거는 지워 버려라.

이제 과거에 상처받았던 일들은 모두 잊어야 한다. 더 이상 후회를 반복하지 말자.

안타깝게도 열등감을 지닌 사람들은 과거의 일들에서 자유로워지기 힘들다.

좋지 못한 경험을 떠올리게 되는 순간 당신은 자신의 능력을 의심하게 될지도 모른다.

'내가 잘할 수 있을까?' 과거에 일어났던 모든 부정적인 일들을 잊고 유쾌하지 않은 과거가 떠오를 때는 그 공간에 현재의 목표를 밀어 넣을 수 있어야 한다.

이제 과거는 잊고 현재를 즐겨라. 가진 것이 없다고 기죽지 말라.

당신은 어쩌면 신체적으로나 정신적으로 결핍된 것이 있을지도 모른다. 하지만 그렇다고 자기 스스로를 무엇은 할 수 있고, 무엇은 할 수 없는 사람이라는 편견의 시선으로 바라볼 필요가 없다.

또한 이러한 시선으로 다른 사람의 결핍된 것에 대해서도 편견을 가져서는 안 된다.

더 이상 자신의 신체적, 정신적 결함을 부담스러워하지 말자. 중요한 것은 시작이다.

5. 초심(初心)을 유지하라

당신의 위대한 목표를 눈에 가장 잘 띄는 곳에 써 붙여라.

힘들고 지칠 때마다 마음을 다잡을 수 있는 계기가 되며, 심리적 방어선을 보호할 수 있는 힘이 될 것이다. 약점에 감염되지 않으려면 늘 초심을 유지해야 한다.

자신에 대한 다른 사람들의 평가에 귀 기울여라. 타인은 당신을 비추는 거울이다.

그들은 어쩌면 당신보다 더 자세히 당신에 관한 모든 것을 알고 있다.

당신의 장점과 단점은 물론, 삶에 대한 가치관까지 꿰뚫고 있을지 모른다.

자신에 대한 다른 사람들의 평가에 귀를 기울이면, 개인적인 발전에 여러모로 도움이 될 것이다.

6. 성공…

성공은 어느 날 길에서 운 좋게 주울 수 있는 것이 아니다.

자신을 극복할 수 있는 의지와 노력만이 당신의 삶에 만족을 주는 조건이다.

성공하는 사람들의 휴지통 맨 밑에는 열등감이 있다.

그들은 일찌감치 그것들을 버렸다. 당신 삶의 주인은 당신뿐이다.

다른 사람도 아닌 나 스스로가 자신을 인정하지 못한다면 다른 사람들에 비해 보잘 것 없다고 느낀다면, 당신이 앞으로 이루어 나갈 수 있는 여지마저 송두리째 사라지고 가는 것이다.

17

강한 마음만이 살 수 있는 방법

철학자 플라톤은 말하기를 세상에서 가장 강한 사람은 자기의 마음과 싸워 이기는 사람이라고 했습니다.

세기의 영웅 나폴레옹은 세계를 향해 자신의 영토를 확장해 나가며 나에게는 불가능이 없다고 외쳤습니다. 온갖 부귀와 영화를 누리며 지배와 소유로 세상 사람들의 부러움을 샀지만 나폴레옹이 마지막으로 한 말은 “내가 행복하게 살았던 때는 단 6일 밖에 없었다.”라고 말했고, 보지도, 듣지도, 말하지도 못했던 삼중고를 앓았던 헬렌켈러는 “지나온 내 인생은 행복 그 자체였다”고 말했습니다.

행복과 불행은 마음의 명암에 의해 만들어지는 것입니다.

생각이 어두우면 절망이 입술에서 불행으로 표현되고 생각이 밝으면 희망이 입에서 행복으로 표현되는 것입니다. 생각은 안경과도 같습니다.

부정적인 생각의 안경을 끼고 세상을 바라보면 비전이 없지만, 긍정적인 생각의 안경을 끼고 미래를 생각하면 성공이 보이는 것입니다.

긍정적인 생각은 저절로 이루어지는 것이 아닙니다.

만족하지 못하고 불평하고 불안해하는 자신과의 약한 마음과 싸워 이길 때만이 긍정의 소유자가 되는 것입니다. 자신 없어 못한다.

용기 없어 안 된다 배짱 없어 할 수 없다. 라는 부정적인 생각은 약한 마음에서 나타나는 현상입니다.

철학자 플라톤은 말하기를 세상에서 가장 강한 사람은 자기의 마음과 싸워 이기는 사람이라고 했습니다.

자기의 부정과 싸워 이기는 사람이야말로 승자중의 증자요, 용기중의 용기요,

자랑 중의 자랑이라고 할 수 있습니다.

오늘 우리의 자랑할 것은 명예나 권력이나 지위나 학벌이나 권세나 재물이 아니라 강한 마음입니다.

오늘도 절망과 싸우기를 거부하지 마십시오.

오늘도 좌절과 싸우기를 거절하지 마십시오.

오늘도 부정과 싸우기를 포기하지 마십시오.

미래사회는 강한 마음을 소유한 사람만이 살아갈 수 있습니다

정확한 문장이 아니라 키워드나 항목으로 적어도 좋다.

18

오스카 피스토리우스의 도전

태어날 때부터 두 다리의 종아리 뼈가 없어 생후 11개월 때 무릎 아래를 절단한 오스카 피스토리우스.

장애인과 비 장애인의 차이는 없다며 작년 베이징 올림픽 출전을 염원했던 그였지만 결국 일반 올림픽 출전은 무산되었습니다.

그 뒤 피스토리우스는 장애인 올림픽인 페럴림픽 100m에 출전하여 11초 17의 기록으로 우승하였습니다.

베이징 올림픽 세계 신기록을 달성한 우사인 볼트(9초 69)보다 불과 1초 48 뒤진 멋진 기록이었습니다.

불굴의 의지로 자신과의 싸움에서 이긴 피스토리우스는 그 모습만으로도 박수를 받을 수 있겠지만, 더 아름다운 것은 그가 가지고 있는 '생각'에 있었습니다.

기자 : "혹시 다리가 정상이었으면 하는 아쉬움은 없으신가요?"라는 질문에 그는

오스카 : "그런 질문은 비장애인들에게 의족을 끼고 달리는 건 어떨까라고 묻는 것과 같습니다"라고 대답했습니다. 그리고. 한 마디 더 붙였습니다.

"나는 그냥 나입니다."

세상은 그에게 남들과 다른 신체를 주었지만, 그래도 그에게 주어진 세상은 남들과 똑같은 것이라는 걸 그는 알고 있었습니다.

세상의 주인은 자기 자신입니다.

세상이 우리에게 무엇을 주었는지 보다, 우리가 세상을 어떻게 바라보는지가 더 중요합니다.

그저 현재에 만족하고 지금에 감사하는 것이 더 중요합니다.

19

원하지 않는 생각을 멈추는 방법

어떤 생각을 하지 않으려는 노력은 백 퍼센트 수포로 돌아갑니다. 절대로 그럴 수는 없습니다. 단 한가지 가능한 방법이 있기는 합니다. 명상의 고수가 되어서 〈삼매〉에 들 수 있으면 됩니다.

그러면 처음에는 생각도 없어지고, 나라는 존재 자체도 사라집니다. 세상도 사라지지요. 그리고 세상은 찬연히 다시 그 모습을 드러냅니다. 나라는 존재가 없는 상태로 말입니다.

사라진 것은 바로 에고라 불리는 것이고, 세상과 부딪쳐 갈등을 부대끼던 나의 마음이었습니다. 그래서 이것을 세상에서 유일한 절대적 평화라고 할 수 있는 것입니다.

그렇다면 그런 고도의 수행을 하지 않는 일반인들에게는 방법이 없는가?

하면 그렇지도 않습니다. 단지 생각을 멈추려는 그 노력이 잘못되었던 것일 뿐입니다.

우리는 생각을 끊을 수 없는 대신에 다른 생각으로 대체할 수 있습니다.

정말이지 원치 않는 생각을 멈추는 방법은 오직 이것뿐입니다.

뭔가 다른 쪽으로 생각의 방향을 옮겨서 그것에 강력하게 집중해야만 하는 것입니다.

여기에는 두 가지 관건이 존재하는데, 그 중 하나는 어떤 생각에 집중할 것인가 하는 것입니다.

사람마다 좋아하는 것이 다르고 집중이 잘 되는 것이 다릅니다.

어떤 사람들은 취미에 몰두하며 여러 원치 않는, 자신을 괴롭히는 생각에서 벗어나기도 합니다.

사실은 무언 가에 몰두하면 편안한 이유 중 하나가 바로 여기에 있는 것입니다.

어떤 사람들은 싸이클 타기, 마라톤, 그리고 뭔가 다이나믹한 운동 등을 하면서 원치 않는 생각에서 빠져나오게 됩니다. 또 다른 어떤 사람들은 정적인 것에 쉽게 몰입합니다. 그림 그리기, 뜨개질, 옷을 만든다거나 수공예품을 만드는 일 등….

이것은 자기 자신이 찾을 수밖에 없겠지요.

무엇이 자신에게 잘 맞는지 모른다면, 많은 다양한 시도들을 해 볼 필요가 있는 것입니다.

그리고 원치 않는 생각에서 다른 것으로 마음을 돌리는 관건이 되는 또 다른 하나가 바로 집중력입니다.

강력하게 무언 가에 집중할 수 있는 힘이 크면 클수록 원치 않는 생각으로부터 빠져나오기가 쉬워지는 것입니다. 이 두 가지 조건을 만족시키는데 가장 강력한 것이 바로 명상입니다.

명상은 어떤 한가지에 집중하도록 반복하여 훈련하고, 그러한 과정에서 집중력이 향상됨으로써 갈수록 더욱 강력하게 집중할 수 있도록 훈련해 나가는 것입니다.

그럼으로써 자신의 생각과 감정을 쉽게 다스리고 조절하는 능력이 갖추어집니다.

이것은 다음과 같은 이유로 성공의 요인으로도 직결됩니다.

성공적인 사람의 특징으로서 쉽게 발견할 수 있는 것은 일반적으로 그들은 외부 상황이 어떻든 자신의 상태를 잘 통제한다는 것이며, 가장 탁월한 방법으로 긍정적인 고양상태에 머무를 수 있다는 것이다.

20

'아니오'라고 부드럽게 말하기

1. 생각할 시간을 좀 주세요

그 자리에서 분명하게 거절해야 할 일이라도 한 시간 정도 생각해 본 (척 한) 다음 분명하게 거절하는 편이 상대의 반발을 덜 사는 방법이다.

2. 정말 좋은 제안이군요

상대방의 제안을 일단 인정한 다음, 다른 일때문에 바빠서 함께 할 수 없다고 말한다.
다른 일이 어떤 일인지는 굳이 설명하지 말 것이다.

3. 정말 대단하세요

일단 상대방을 칭찬할 것. 그 다음 "당신과 같이 일하고 싶지만 이번에는 어쩔 수 없네요."

4. 원칙적으로 저는 그런 일을 하지 않아요

일정한 자신의 확고한 기준이 있다고 한다면, 개인적인 이유의 거절보다 더 잘 받아들여진다.
예를 들어 "저는 원래 방문판매는 하지 않습니다."
"저는 가족과 보내는 시간을 최우선으로 생각합니다."

5. 정말 안 됐네요

들어주기 어려운 부탁이라면 거절에 앞서 일단 그 사람의 처지를 이해해 줄 것이다.

6. 지금은 곤란한데요

사실상 거절이지만 다음 기회로 미루는 방법.

어떤 특정한 날 무엇을 해 달라는 부탁을 받으면 "안 돼요. 하고 싶은 마음이 없어요." 보다는 "그 날은 어렵겠는데요."가 사람의 마음을 덜 상하게 하는 방법

7. 음…… 안 되겠어요

싫은 것은 싫다고 말해야 하지만 잠시 뜸을 들여 고민하는 모습을 보인다.

그 다음 분명하게 상대를 보며 "아니오"라고 말한다.

아니면 아직도 마음의 결정을 내리지 못한 것처럼 보일 수 있기 때문이다.

21

당장 실행에 옮겨라!

재능이 존재하느냐 아니냐는 당신 자신에게 달려 있다.

해결책은 지금 바로 그것을 실행해 보는 것이다.

대다수의 사람들은 재능을 부정하는 것이 오히려 편하다고 생각한다.

사람들이 〈자신의 재능을 개발하지 못하는 첫 번째 이유〉가 바로 '부정'이다. 자신이 스스로의 재능을 부정한다면 정말 자신은 더 이상 보여 줄 것이 없다고 다른 사람들을 설득할 수도 없을 것이다.

자신의 재능을 개발하지 않는 두 번째 이유는 '망설임'이다. 사람들은 존재하지도 않는 미래의 "언젠가 섬"에서나 그 재능들을 보여 줄 것이다.

그들에게 있어서 내일이란 자신의 재능을 보여 줄 기회를 피하기 위한 가장 큰 핑계이다.

사람들이 자신의 재능을 개발하지 않는 세 번째 이유는 '두려움'이라고 나는 생각한다.

많은 사람들은 실패해 보는 게 얼마나 중요한지를 모른다.

거의 대부분의 사람들은 무엇이든 '안전하게'만 하려고 한다.

그렇지 않다고 생각되는 것은 절대 하려 들지도 않는다.

사람들이 재능을 개발하지 않는 네 번째 이유는 '무 책임감'이다. 사람들은 자신의 실패를 자신의 잘못이 아닌 다른 것, 혹은 다른 사람들의 탓으로 돌리는데 익숙하다.

그리고 그렇게 생각하는 것이 편하다고 생각한다.

당신이 앞으로 듣게 될 가장 슬픈 말들 중에는 이런 것이 있을 수 있다.

"그 때 그렇게 했었더라면……,"

강연자 비키히츠게스 씨는 자신의 재능을 마음껏 발휘하지 않는 사람들에게 이렇게 되묻곤 한다.

"당신은 '그 때 그렇게 했었으면 좋았을 것을……'

혹은 '그 때 그렇게만 했다면 지금 더없이 기쁠 텐데……'라고 말하면서 지나간 인생을 돌이켜 보겠습니까?"

22
사회자의 스피치

요즈음엔 크고 작은 모임이 거의 매일 같이 있습니다.

그 사람들의 모임엔 반드시 사회자가 있고, 누구나 사회자가 되어야 하는 그런 시대에 살고 있습니다. 모임에서의 사회자의 역할은 너무나 중요하기 때문에 훌륭한 사회자가 되기 위해서는 많은 지식과 경험이 있어야 합니다. 거기에서는 사회자의 의무 중에서 소개의 스피치에 대해서 알아보고자 합니다. 소개의 스피치는 그 목적으로 보아 사교적인 소개와 똑같은 역할을 합니다.

그것은 연설자와 청중을 하나로 연결시키며 우호적인 분위기를 조성하여 양자 사이에 굳은 연대감을 만들어 내는 것입니다.

사회자는 스피치를 할 필요가 없다. 다만 연설자를 소개하는 것으로 족한 것이다.

이렇게 말하는 사람은 무엇인가 잘못 알고 있는 사람입니다. 실상 소개의 스피치는 소홀히 다루어지고 있는 것이 사실입니다. 아마도 그것은 소개를 맡은 사회자가 그 자체를 너무 가볍게 생각하기 때문일 것입니다.

그것은 잘못입니다. 연설자의 소개가 시원치 않으면 말하려는 사람은 아주 불쾌해집니다.

소개자가 소개를 잘 해야만, 청중들이 들을 준비를 하고 연설자도 들을 준비가 된 청중을 위해 최선을 다하게 되는 것입니다. 즉, 화제를 중심으로 청중과 연설자를 한데 묶어 놓는 중요한 역할인 것입니다.

그 역할을 잘 수행하기 위해서는 올바른 스피치 법을 알아야 합니다.

1. 말할 것을 완전히 준비 한다.

소개의 말은 시간으로 따져 1분 정도의 짤막한 것입니다만 마땅히 신중한 준비가 있어야 합니다. 먼저 사실을 모아야 합니다.

1) 연설할 이야기의 테마

2) 그 테마에 대해 말하는 연설자의 자격

3) 연설자의 이름

4) 연설자가 말하려는 화제가 어째서 청중에게 특별한 관심거리가 되느냐 하는 것입니다.

이러한 사실을 준비하기 위해서는 가능하면 사전에 연설자에게 직접 부탁하여 알아 둘 일입니다. 만일 직접 알아 둘 수 없을 때에는 인사과에 조회를 한다거나 그 사람의 친구나 가족에게 연락을 해서라도 소개할 사람의 경력 등을 올바르게 파악해야 합니다.

그리고서 연설자를 소개하는 중에 꼭 주의해야 할 세 가지가 있습니다.

첫째, 사회자를 소개하면서 사회자가 이야기할 화제들을 예고하는 것은 절대로 금물인 것입니다. 즉 주제나 제목만 말해야지 어떤 내용을 이야기할 것이라는 것은 삼가야 합니다.

둘째, 연설자의 학력이나 경력을 알아 둘 때 최종적인 것이나, 최대의 업적을 알아야 합니다. 물론 과거의 것 중에서 중요한 것은 한두 가지 더 준비할 수는 있지만, 필요도 없는 것, 도리어 마이너스 효과까지 있는 것들을 상세히 준비하는 것은 피해야 합니다.

셋째, 특히 연설자의 이름을 정확히 알아두고, 정확히 발음해야 합니다.

2. T.I.S 공식에 따른다.

소개말은 대개 T.I.S 공식에 따르고 있습니다.

사회자가 조사해서 모은 자료들을 전개하는 순서입니다. T는 Topic-화제입니다.

소개할 때는 우선 연설할 이야기의 제목을 정확히 말해야 합니다. I는 Importance-중요성입니다.

이 단계에서는 화제가 왜 청중에게 특별히 중요한가를 말해야 됩니다. S는 Speaker-말하는 사람, 즉, 연설자입니다.

여기서는 연설자가 이 화제에는 뛰어난 자격이 있다는 것을 말해야 하며 마지막으로 연설자의 이름을 정확하고 분명하게 알려야 합니다.

그런데 이 공식을 자연스럽게 연결하여 유창하게 나오도록 연습해야 합니다. 그러나 절대로 적어서 암기해서는 안 됩니다. 잊어버린다든지 할 경우 큰 망신을 당합니다.

메모를 해 두는 것은 좋지만 소개의 스피치는 적어서 읽는다든지 메모한 것을 자꾸 들여다보면서 말하면 사회자로서의 자격은 반감되어 버리는 것입니다.

3. 실수하기 쉬운 사항

1) 사회자가 자기의 중요함을 역설하고 당치도 않은 웅변조로 말하는 경우가 있는데 크게 잘못된 것입니다.

2) 고상하지 못한 농담을 꺼내거나 특히 연설자의 직업을 들어 농담하는 딱한 사회자도 있습니다.

3) 사회자의 소개말에 '우리의 영광 올시다' 참으로 기쁨을 헤아릴 길이 없습니다. 등 아부 조의 낡은 말을 사용하지 맙시다.

4) 원래 강연자로 초빙한 ○○○님은 무슨 무슨 사정으로 못 나오셨기 때문에, 또는 사례금이 너무 비싸기 때문에, 부득이 ○○○님을 모시게 되었습니다. 이런 순진한 사회자도 있지만 큰 결례의 말씀입니다.

5) 예전에는 연설자를 실제 이상으로 칭찬하는 것이 유행이었습니다.

현재도 그것이 예의인 줄 알고 꽃 같은 찬사를 연설자 앞에 가득 쌓아 놓습니다. 그럴 때 연설자는 딱한 입장에 놓입니다.

6) 재미있고 유머러스하게 연설을 잘하는 연설자를 초빙해 놓고 사회자가 소개하기를 「여러분은 드디어 웃음을 참을 수가 없어 배를 움켜잡을 것입니다」 하고 장담한다면 연설자에게는 그처럼 치명적인 타격은 없습니다. 웃겨 보려는 태도를 청중이 눈치 채면 청중을 웃길 수가 없는 것이기 때문입니다.

23

파워 스피치 10계명

1. 철저하게 준비하라.

철저하게 준비하면 자신감이 생긴다.

2. 주제와 목적을 파악하라.

주제와 목적이 뚜렷해야 내용이 선명해 진다.

3. 강한 자신감과 열정 그리고 확신을 갖고 말하라.

할 수 있다는 I can 정신으로 자신감을 갖고 열정적으로 말하라. 뜨겁게 말해야 뜨겁게 전염된다.

4. 청중의 주의를 끌어라.

도입 부분부터 청중의 시선을 제압해야 한다.

5. 밝은 마음, 밝은 음성, 밝은 표정을 갖고 말하라.

가장 듣기 좋은 음성은 밝은 음성이고 가장 아름다운 모습은 밝은 표정이다.

6. 태도는 바르게 제스처는 힘 있게 하라.

신뢰감이 가는 태도, 힘 있고 간결한 제스처가 좋다.

7. 큰소리로 생기 있게 말하라.

자신감에 찬 목소리로 생기 있게 말하라.

8. 니드(need)화법으로 말하라.

청중이 원하는 것을 말해야 스피치가 성공할 수 있다.

9. 눈 맞춤을 골고루 하면서 침착하게 말하라.

눈은 마음의 창이다. 그리고 흥분은 금물이다. 시선 처리를 고르게 하면서 차분하게 말하라.

10. 유머를 사용하라.

유머는 친화작용이 있다. 유머를 사용하면 긴장이 풀리고 친밀감이 생긴다.

※ 메모하세요.

24

주제선정의 핵심

1. 평상시 연구하고 있는 주제를 선정하라.
2. 자신이 열변을 토할 수 있는 주제를 선정하라.
3. 자신의 신념이 확고한 분야를 선택하라.
4. 청중이 알고 싶어 하는 주제를 선택하라.
5. 대다수의 청중에게 필요한 주제를 선택하라.
6. 행사의 성격에 맞는 주제를 선택하라

주제를 한 번 정해 보세요.

25

호감 가는 대화법의 바른 대화 자세

좋은 대화는 일상에 활력을 불어 넣고 사업을 성공으로 이끌며, 진실한 우정과 화목한 가정을 약속한다.

많은 이들이 대화를 통해서 상대방의 인격, 성정, 사고의 깊이와 너비를 가늠한다.

말은 마음의 옷과 같기 때문이다.

즐거운 대화를 위해선 나름의 에티켓을 지켜야 한다. 대화하는 사람 사이의 거리는 60~70cm가 이상적이다.

너무 가까이 다가가면 상대에게 불쾌감이나 위협받고 있다는 느낌을 줄 수 있다.

그 외 일상 대화 중 염두에 두어야 할 사항에는 다음과 같은 것들이 있다.

1. 시선은 상대방의 얼굴에 둔다.

주위를 두리번거리거나 대화 중 창문 등 엉뚱한 곳을 뚫어져라 응시하는 것은 큰 실례가 된다.

2. 팔짱을 끼거나 다리를 포개지 않는다. 거만하고 몰상식한 사람이란 평을 들을 수 있다.

3. 다리 떨기, 머리카락 만지기, 손 비비기, 손톱 깨물기, 몸 흔들기 등 좋지 않은 버릇이 무의식 중에 드러나지 않도록 주의한다.

4. 너무 심한 사투리, 불명확한 발음은 삼간다.

발음은 훈련에 의해 개선이 가능한 만큼 적절한 속도로 분명하게 말하는 연습을 한다. 소리 내 책 읽기를 반복하면 도움이 된다.

5. 속어, 비어, 유행어 사용을 센스와 개방성, 의식의 참신함을 드러내는 일로 오해하는 사람들이 있다. 허물없는 친구 사이가 아니라면 품위 있는 언어를 사용하는 것이 좋은 대화법의 제 1 원칙이다.

6. 억양에 신경을 쓴다. 지나치게 높은 톤은 사람을 경박스럽게 보이게 하고 반대로 너무 저조한 억양은 분위기를 무겁게 만든다.

7. 말 가로채기, 양해 없이 화제를 바꾸는 것은 무례한 행위다.

8. 상대방의 입장을 고려해 적합한 언어를 구사한다. 바른 경칭, 호칭의 선택이 그 첫 걸음,상대가 쉽게 이해할 수 있는 용어를 사용하는 것도 예의다.

9. 누구든 대화에서 소외됐다는 느낌을 받게 해서는 안 된다.
좀처럼 말할 기회를 잡지 못하는 사람에겐 적절한 질문을 던져 대화 참여를 유도한다.

10. 목소리는 타고나는 것이지만 노력에 의해 좋아질 수 있다.
자신의 목소리에 잘 맞는 높낮이와 억양을 선택한다. 듣기에 부드럽고 편안하다는 느낌이 들 때까지 여러모로 연습한다.

11. 첫 대면에서 여성의 나이나 결혼 여부를 묻는 것은 실례다.

26

혼자서 말하기 연습법!

대부분의 사람들은 1:1의 대화는 무난히 잘 하는 편이지만 앞에 5명만 넘어가면 가슴이 뛰기 시작하고 어떻게 말을 해야 될지 하는 것이 일반적이다.

프리젠테이션을 잘하는 방법은 여러 가지가 있습니다.

혼자서 거울을 보면서 훌륭한 강연을 녹음하여 반복해 듣고 따라 하는 방법, 때로는 전문적인 학원을 활용하는 방법이 있지만 시간이 없으시는 분들한테는 현실적으로 그리 간단하지 않을 때가 있다.

효과적이고 세련된 말하기 훈련은 그냥 만들어 지는 것은 아니다.

음의 곡선, 음의 폭, 음의 강도 등의 음량 훈련은 꾸준한 자기만의 노력과 계발에서 얻어지는 것들이다.

집에서 간단히 할 수 있는 방법은 신문이나 책 같은 것을 소리 내어 천천히 읽되, 강의하는 식으로 즉, 문장 끝의 "있다" "없다"로 끝나는 마무리를 구어체로 바꾸어 "있습니다." "없습니다."로 실제로 청중들과 대화를 하듯이 만들어 나가는 것이다.

말의 강약과 어조의 빠르기를 다양하게 구사하며 머리 속에는 읽는 게 아니라 상대방을 설득한다 생각하고 강하고, 부드럽게 읽어 나가야 한다.

그리고 TV나 라디오에서 나오는 아나운서들의 말과 행동, 표정 등을 그대로 따라서 하는 방법이 있다. 앞부분에서도 말했지만 부정확한 발음, 세련되지 못한 어눌한 음량, 음성 등은 단시간에 고쳐지는 것이 절대 아니다. 꾸준한 자기 노력과 일상 생활에서 이 이용도를 통해 서서히 고쳐지는 것이다.

여러분이 끝까지 가져가야 할 것은 포기하지 않는 마음이 가장 중요한 것이다.

27

자신감도 자기 훈련

"자신감도 자기 훈련을 통해 만들어 나갈 수 있다"

1. 나에게는 훌륭한 인생을 구축할 능력이 있다.
그래서 참고 기다린다. 나는 "절대로 단념하지 않는다."고 마음속으로 다짐한다.

2. 무엇이든지 내가 마음속에서 강렬하게 소망하는 것은 반드시 언젠가는 실현될 것이라고 확신한다.
그래서 매일 30분간 내가 이루고 싶다고 생각하는 모습을 마음속에 생생하게 그려 낸다.

3. 나는 자기암시의 위대한 힘을 믿고 있다.
그래서 매일 10분간 정신을 통일하여 자신감을 기르기 위한 "자기암시"를 건다.

4. 나는 인생의 목표를 명확하게 종이에 쓴다.
다음은 한 걸음 한 걸음 자신감을 가지고 전진해 가는 일뿐이다.

5. 나는 진리와 정의에 따라 행동하지 않고는 어떠한 성공도 결코 오래 지속되지 않는다는 사실을 알고 있다. 그래서 이기적인 목표는 세우지 않겠다. 성공은 다른 사람들의 협력에 의해 이루어지는 것이다.
그러므로 나는 우선 남을 위해 봉사한다.
사랑을 몸에 익히고 증오와 시기, 이기심이나 나쁜 마음을 버린다.

이 자신감을 기르는 5가지 공식은 누구나 다 실행 할 수 있는 것이다. 절망을 원하는가, 행복을 원하는가, 결과는 당신이 소원하는 대로 이루어짐을 충분히 이해했을 것이다.

지금까지 실패를 거듭하여 가난과 절망과 비참함에 시달려온 사람들은, 실은 자기들도 모르는 사이에 자기암시의 법칙을 잘못 사용하고 있었던 것이다.

미국의 UCLA(캐리포니아 대학 로스엔젤레스 학교)의 커뮤니케이션 선생님 중에 알버트 멜라비안이라는 사람이 있었다. 그는 커뮤니케이션에 있어서 중요 한 것은 단어가 아니라는 것을 강조하였다.

그의 발표에 의하면 커뮤니케이션을 구성하는 것은?

1) WORD(단어, 결국 무엇을 말하는가?)

2) VOICE(소리, 결국 소리의 대소, 고저, 음색 등)

3) BODY LANGUAGE(바디 랭귀지, 결국 태도, 자세, 몸놀림, 얼굴표정, 걸모습, 시선 등)의 3요소가 있고 이 3요소 중 어느 것이 어느 정도 중요하고 임팩트가 강한가를 실험한 결과를 발표하였다.

그에 따르면 사람과 사람과의 커뮤니케이션에 있어서 단어가 발휘하는 역할은 약 7%, 소리부분이 38%, 그리고 바디 랭귀지가 55%를 차지한다고 했다. 아무튼 단어가 나타내는 효과가 7%라는 것이므로 그 외의 요소, 결국 소리부분과 비언어적인 부문(이것을 전문용어로 Non-Verbal Comunication이라고 한다)이 93%의 임팩트를 갖는다는 것이다.

결국 타인과의 커뮤니케이션에 있어서는 무엇을 말하는가 보다도 어떻게 말하는가, 어떻게 보일 수 있는가라는 시각적인 면이 대단히 중요하다. 예를 들면 인사를 할 때에 밑을 보고 망설이면서 작은 소리로 안녕하십니까? 라고 말하는 것과 시선을 딱 고정시키고 방긋 웃으면서 커다란 소리로 말 하는 것은 임팩트가 전혀 다르다.

아무리 좋은 내용의 프리젠테이션이라도 전달하는 방법이 나빠서는 성공할 수 없다.

보통, 발표자는 말하는 내용에만 신경을 쓰려고 온 힘을 기울인다. 소리가 적고 바디 랭귀지가 나쁘면 그것은 치명적인 실패가 되어 버린다.

프리젠테이션에 약한 사람은 "단조로운 어조"가 많다. 단조로운 어조로 억양이 없는 프리젠테이션을 10분 정도만 들어도 누구나 졸리게 된다.

졸리지 않게 하기 위해서는 때때로 커다란 소리를 내는 것도 필요하다.

깜짝 놀랠듯한 커다란 소리를 내면 누구라도 눈을 번쩍하고 뜨고 무슨 일인가 하고 발표자 쪽을 보게 된다.

텔레비전이나 라디오를 보거나 듣는 경우에는 대개 무엇인가를 하면서인 경우가 많다.

주의를 집중시키기 위해서는 시청자가 식사나 가사에 열중하게 되어 듣는 것을 소홀히 하지 않도록 가끔 큰 소리를 내는 것이 대단히 효과적이라는 것이다.

"성난 파도의 기술"이라는 웅변술이 있는데 이것은 어떤 때는 성난 파도와 같이 커다란 소리로 박력 있게 이야기하고 어떤 때는 파도가 밀려오는 것처럼 속삭이듯이 이야기한다.

이 변화가 클수록 훌륭한 발표자라고 할 수 있다.

중요한 곳이나 강조하고 싶은 곳은 일부러 큰 소리를 내거나 강단을 탕하고 치는 등 가능한 한 변화를 갖게 하라. 또한 졸리는 듯한 분위기일 때는 스크린에 비쥬얼을 비추거나 화이트보드에 무엇인가를 써서 주목을 끌게 한다. 여태까지 아래를 쳐다 보고 있던 사람들의 머리를 일으켜 세우는데 아주 효과적이다. 아무튼 소리의 대소의 적절한 사용은 아주 신경 써서 전략적으로 행하지 않으면 안 된다.

레빗이라는 미국의 심리학자의 조사에 의하면 소리를 듣는 것만으로 그 사람의 감정이나 본심을 알 수 있다고 한다. 결국, 말하고 있는 소리를 듣는 것만으로 그 사람의 인품, 자신감, 감정이 전달된다고 한다.

얼굴을 보면 좀더 알 수 있다. 그래서 소리에 감정을 넣어 청중을 잡아당기는 이야기법의 연습을 해 보면 좋다. 그중 하나를 소개한다.

우선 다음의 문장을 암기한다.

3년 전 겨울에 나는 용평으로 스키를 타러 갔었습니다. 리프트로 슬로프 위에까지 올라가서 아래로 점점 내려가고 있었습니다. 도중에 속도가 너무 붙어 쾅하고 넘어졌습니다.

1) 암기하였다면 이 문장을 아주 자연스러운 회화조로 소리를 내 본다. 마침 찻집에서 만난 친구에게 이야기 하듯 생생하게 해 본다.

2) 다음에 이것을 제스처를 넣어서 이야기 해 본다. 즉, 말하면서 그것을 손으로 표현해 본다.

3) 다음은 이 문장을 가능한 한 즐겁게 웃으면서 기뻐서 참을 수 없다는 느낌으로 말해 본다.

4) 이번에는 분노의 감정을 넣어 화를 내면서 고함을 치는 듯한 느낌으로 말 해 본다.

5) 다음은 이 문장을 슬픔을 넣어 울면서 말 해 본다.

6) 마지막으로 이 문장을 매우 놀란 느낌으로 말 해 본다.

이와 같은 연습을 몇 번이고 하여 눈 깜짝할 사이에 감정을 바꿀 수 있을 때까지 해 본다.

물론 문장의 구문은 조금 바꾸어도 괜찮다.

다른 사람이 보면 미쳤나 하고 생각할지도 모르지만 이러한 연습으로 상당히 감정이 실리게 되며 로봇트 처럼 무미건조한 발표자에서 벗어날 수 있다. 또 한 가지 강조하고 싶은 것은 시선의 중요성이다.

옛날부터 "눈은 입만큼 말을 한다."고 할 정도로 바디 랭귀지 중에서는 눈이 중요한 역할을 수행하고 있다.

서양에서는 "눈은 마음의 창"이라 하여 그 사람의 마음속이 눈에 나타나 있다고 할 정도이다. 발표를 할 때 발표자의 침착하지 못함, 초조함, 자신감의 결여 등은 반드시 눈에 나타난다.

사람들 앞에서 이야기 할 때는 절대로 시선을 조절하지 않으면 안 된다. 미국의 강연이나 프리젠테이션하는 것을 보면 반드시 "아이 컨택"이라고 하여 철저하게 끈질길 정도로 청중을 보고 이야기하는 것을 알 수 있다.

우리나라 사람은 예의를 따지는 민족이므로 서구인에 비하면 이 "아이 컨택"은 매우 미숙하다.

이것은 구미인과 동양인의 문화적 차이지만 적어도 사람 앞에서 이야기할 때는 허공을 보거나 아래를 보거나 하지 말고 반드시 청중의 눈을 보아야 한다.

그러나 청중이 많은데 도대체 누구의 눈을 보면 좋단 말인가. 그렇기 때문에 하나의 기술로서 상대에게 불쾌감을 주지 않고 호소력 있는 시선처리 방법을 몸에 익혀 둘 필요가 있다.

그렇게 하기 위해서 "지그재그법"을 연습할 필요가 있다. 시선처리는 자칫 경시되는 경향이 있지만 호소력 있는 발표를 하는데 있어서 절대로 경시할 수 없는 것이다.

이 지그재그법을 마스터 하는 데는 상당한 연습이 필요하지만 한번 이것이 몸에 익숙해지면 당신의 설득력은 몇 백배나 향상될 것이다.

강단에 서면 우선해야 할 것은 청중을 보는 것이지만 청중 가운데 대체 누구를 보면 좋을까?

청중 전원의 눈을 동시에 본다는 것은 불가능 하다. 또, 한 사람의 눈만 계속 본다는 것도 문제가 있다. 그것을 해소할 수 있는 것이 지그재그법이다. 이것은 다음의 5단계로 성립된다.

1단계 : 강단에 서서 우선 좌측의 맨 뒤 사람을 본다.

우선 맨 뒤의 사람을 보고 생긋 웃는다. 청중은 거울과도 같다. 생긋 웃음에 따라 분위기가 부드러워 진다(일종의 Ice-Break라고 해도 좋다)

다음으로 커다란 소리로 좌측 맨 뒤의 사람을 향해 「안녕하십니까」 또는 「반갑습니다」라는 식으로 첫인사를 한다. 맨 뒷사람이 들을 수 있을 정도로 말소리의 크기를 결정해야 한다.

어쨌든 첫마디는 첫인상이 되므로 충분한 주의를 해야만 한다.

실수를 하더라도 허공이나 바닥을 보거나 부끄러워하며 스피치를 시작하지 말 것.

정신을 똑바로 차리고 맨 뒤의 좌측사람을 향해 눈을 똑바로 보고 (LOOK), 생긋 웃으며(SMILE), 그리고 충분히 뒤에서도 들을 수 있는 소리로 「안녕하세요」하고 인사한다(TALK).

LOOK-SMILE-TALK 라는 단어로 기억해 두어라

2단계 : 머리를 끄덕이는 사람을 찾아라.

청중 가운데는 무관심한 사람도 있고 부정적인 사람도 있다. 또, 반대로 호의적이고 긍정적인 사람도 있다. 그러나 대체로 처음에는 대부분의 표정은 굳어있다.

그 중에서도 다루기 어려운 사람은 한 눈에 알 수 있다. 예를 들면 얼굴을 찡그리고 있거나, 눈빛이 안 좋은 사람, 가만히 팔짱을 끼고 쏘아보는 사람은 반드시 그 표정만으로도 알 수 있다.

발표를 시작하면서 이런 부정적인 사람은 가급적 쳐다보지 않는다. 반대로 청중 가운데 고개를 끄덕이며 긍정적인 사람을 찾아라. 그리고 그 사람을 향해 "오늘의 발표내용은 신제품 기획방향에 대해서 입니다."라고 두 번째 말문을 연다.

그 다음 좌측 열부터 쳐다보며 "앞으로 약 20분 동안 그 내용에 대해 발표하겠습니다."하고 분위기를 띄운다. 그리고 차례차례로 좌우의 긍정적인 사람을 찾아 한 사람씩 말을 걸어 나가는 형태로 진행한다.

처음부터 부정적인 사람과 대하면 아무리 프로라도 "아! 오늘은 어렵겠구나."라는 기분이 되어 아주 위축되는 경향이 있다. 처음이 중요하고 상대의 첫 기세에 꺾이지 않기 위해서라도 "긍정적인 사람"을 찾는 것은 아주 중요하다.

3단계 : One Sentence One Person의 법칙

이렇게 해서 차례차례로 "긍정적인 사람"을 찾아서 그 사람의 눈을 보면서 발표를 계속해 감에 따라 자신감이 증대해 갈 것이다.

여기에서 주의해야 할 것은 반드시 한 사람당 One Sentence, 즉 한 문장으로 말을 마쳐야 한다.

한 문장이란 예를 들면 「나는 기획팀의 홍길동입니다」 또는 「오늘 프리젠테이션은 디자인변경에 관한 것입니다」라는 식으로 하나의 의미를 갖는 독립적인 문장을 말한다.

그것을 한 사람씩 말을 걸듯이 하며, 도중에 다른 사람에게 눈을 옮기지 않는다.

미국에서는 이것을 "Yes · Taking"이라고 한다.

예를 들면 한 사람을 쳐다보며 「제품 디자인에서 가장 중요한 것은 시대적 트랜드를 읽는 것입니다」라고 할 때 그 사람은 자신도 모르는 사이에 고개를 끄덕이며 수긍하게 된다.

한 문장에 대해 한 사람을 납득시킨 후 다른 사람에게 시선을 옮긴다. 이러한 동작이 자연스럽고 완벽하게 익으면 당신의 설득력은 경이적으로 증가할 것이다. 이와 같이 한 사람에게 하나의 정리된 문장을 말하는 것을 "One Sentence One Person의 원칙"이라고 한다.

이것은 통상 3초에서 5초 정도가 걸린다.

또한 반대로 한사람을 6초 이상 오랫동안 쳐다보면 그 사람은 매우 부담감을 갖게 되므로 가능한 한 하나의 문장을 짧게 끊어서 속도를 빨리 하되 명확하고 침착하게 Eye Contact 해야 함을 명심한다. 그리고 차례차례로 한사람씩 이야기를 걸어가면 최종적으로는 모든 청중 개인과 대화했다는 느낌이 든다. 이때 발표자의 시선이 지그재그로 움직이므로 이것을 "지그재그법"이라 한다

4단계 : 항상 1 대 1 커뮤니케이션을 명심한다.

청중을 하나의 집단으로 보아서는 안 된다.

흔히 "청중을 돌이라고 생각"한다든지 "호박이라고 생각"하는 등 무책임한 말을 하는 사람이 있지만 이것은 커다란 실수이다.

발표나 강의는 어디까지나 인간과 인간의 커뮤니케이션으로 마음과 마음의 접촉이기도 하다.

한 사람씩 3~5초간 눈을 맞춰 개인 간에 대화하듯이 말을 해 나갈 때, 이 3~5초는 두 사람만의 시간이라고 생각해도 좋다. 좀더 극단적으로 얘기하면 이 5초간은 지금 보고 있는 사람 이외의 청중은 무시해도 좋다는 말이다.

청중을 "사람이 잔뜩 모여 있는 것"으로 인식하면 안 된다. 한 사람씩 대하면서 정중하게 설득해 나간다. 따라서 이 방식을 "일대일 커뮤니케이션법"이라고 한다.

또한 이 방법에 의해 대중공포증도 극복할 수 있게 된다. 대인공포증이 있는 사람은 사람 앞에 섰을 때 많은 사람의 시선을 일시에 받기 때문에 공포심을 갖게 된다. 많은 사람의 시선을 의식하지 않고 지금 자신이 보고 있는 사람만 자기 앞에 있다고 생각해보라. 따라서 이 지그재그법은 대인공포증 방지에도 효과적이다.

이 지그재그법은 글로 쓰면 간단한 듯 하지만 실제는 아주 어렵다. 상당한 연습을 필요로 한다.

스피치를 할 때 끈질길 정도로 "아이 컨택"을 연습해야 한다.

우리나라 사람은 거의 예외 없이 상대의 눈을 바라보는데 매우 약하다.

그러므로 항상 의식하면서 이 "지그재그법"을 연습하여 상대방의 눈을 보며 이야기 하는 습관을 붙여 둘 필요가 있다.

5단계 : 유머

발표자는 항상 유머를 적은 노트를 갖고 다니지 않으면 안 된다. 개그맨이 되라는 의미는 아니다. 주어진 내용 외에는 우스개 소리를 전혀 하지 못하는 발표자는 마음에 여유가 없는 사람으로 보여 질 수도 있다. 진지하고 엄격한 내용을 조금이나마 풀어 주는 완충제로서의 간단한 유머는 정말 필요한 것이다.

28

연습스피치 예문

대중공포(大衆恐怖)를 사랑하라

안녕하십니까? 반갑습니다./당당한 사람으로 기억되고 싶은 ○○○입니다.

서양 이야기에/ 사람과 사자가 경기장에서 싸우던 중/ 사람이 코너에 몰리자/ 사자의 귀에다 대고 이렇게 속삭였답니다.

"까불면 대중 앞에서 테이블스피치 시킬 거야." 이 말은 들은 사자는 놀래서 줄행랑을 쳤다는 말입니다.// 대중 앞에서 공포를 느끼는 것은 동서양을 막론하고/ 같다고 하겠습니다.

대중공포란 많은 사람 앞에서 두려움을 느끼는 것인데 사람들이/ 물체도/ 형태도 없는 대중공포가 있다고 말하는 것은 잘 하려고 하는 욕심 잘못하면 큰일이라는 피해의식/ 잘해야 한다는 강박 관념 등의 본능 때문입니다. 본능에 집착하게 되면/ 생각의 긴장/ 마음의 불안/ 소리의 떨림으로/ 대중공포를 일으키는 것입니다./ 대중공포를 극복하려면/ 역설(逆說)론/ 정수(正受)론/ 광고(廣告)론을 활용해야 합니다.//

그리고/ 자아(自我)와의 대화가 긍정적이어야 합니다.

대중공포는 완전 욕에서 오는 것이니/" 인간은 신이 아니기에 완전할 수 없다/ 나는 인간이다./ 그러므로 실수할 수도 있다

"/고 너그럽게 생각하고/ 불안은 준비부족에서 오는 것이니/ 철저하게 준비하고/떨림은 경험부족에서 오는 것이니/ 대중 앞에 서서 말하는 훈련을 해야 합니다.// 대중공포를 극복해야 하는 이유는/ 인생을 좀 더/ 창조적으로/ 성공적으로/ 만족스럽게 살기 위함입니다.

자신에게 이렇게 명령하십시오.

ㅇㅇ아! 긴장을 사랑하라. (50)

ㅇㅇ아! 불안을 사랑하라 (80)

ㅇㅇ아! 떨림을 사랑하라. (100)

사랑하면 두렵지 않습니다./ 사랑하면 무엇이든 할 수 있습니다. /
사랑은 사람을 당당하게 만듭니다.

경청해 주셔서 감사합니다.

29

마음은 밭이다

안녕하십니까?/ 반갑습니다.

만물이 소생하는 생명의 계절에/ 우리 모두에게/ 좋은 일들이 있기를 바랍니다./ ○○○입니다.

한 여인이 꿈을 꾸었는데/ 시장에 가서/ 새로운 문을 연 가게에 들어갔습니다. /

그 가게 주인은 다름 아닌/ 신(God)이었습니다.

여인은 주인에게 무엇을 파느냐고 묻자/ 주인인 신은/ "당신의 가슴이 원하는 것은 무엇이든 팝니다." /라고 말했습니다.

여인은/ 인간이 바랄 수 있는 /최고의 것을 사기로 마음먹고 /말했습니다.

"마음의 평화와/ 사랑과/ 행복과/ 지혜/ 그리고/ 두려움으로부터의 자유를 주세요." /

신은/ 미소지으며 말했습니다.

"미안하지만/ 가게를 잘못 찾으셨군요. 부인," //

이 가게에서는/ 열매를 팔지 않고/ 오직 씨앗만을 팔고 있습니다.//

달라이라마와 더불어/ 두 손이 아름다운 꽃으로 불리어지는 영적 스승인 틱낫한은/ 우리의 마음을 밭에 비유했습니다.

그 밭에는/ 기쁨/ 사랑/ 이해/ 즐거움/ 희망과 같은 긍정적인 씨앗이 있는가 하면/ 두려움과/ 분노/ 미움/ 절망/ 시기/ 외로움/ 그리고 건강치 못한 집착 등과 같은/ 부정적인 씨앗이 있습니다.

어떤 씨앗에 물을 주어/ 열매를 맺을 것인가는/ 우리의 선택에 달렸다고/ 틱낫한은 말하고 있습니다.

마음은/ 밭입니다.

콩 심은데 콩 나고/ 팥 심은데 팥 나는 것처럼/ 긍정적인 생각의 씨를 뿌리면/ 행복의 열매가 맺히고/ 부정적인 생각의 씨앗 을 뿌리면/ 불행의 열매가 맺히는 것이니/ 불신의 시대 불안한 시대일 수록/ 긍정의 씨를 뿌려야 합니다.// 마음에는 평화의 씨 / 얼굴에는 미소의 씨를 뿌립시다.

경청해 주셔서 대단히 감사합니다.

30

변화의 시대

안녕하십니까? 반갑습니다.

변화의 시대에 변하기 위해 단상에 선 ○○○입니다.

미래 사회는 성공의 기준이 변하고 /행복의 조건이 달라지는 시대입니다.

문화가/ 경제보다/ 우선시 되고 / 여성적 리더십이 / 남성적 리더십을 앞서며/ 하드웨어 보다/ 소프트웨어가 각광받는 시대이기도 합니다.

또한/ 가치 기준들이 달라지고/ 관용처럼 여겨졌던 사고방식들이/ 폐기 처분되기도 합니다.

융통성과 적응성을 발휘하지 않으면/ 순식간에 방향감각을 잃고 난파당하는 배의 신세가 될 수도 있습니다.

빠르게 변화되는 변화의 속도에 맞추어 / 삶의 방법도 달라져야 합니다.

무엇보다/ 의식이/ 새로워져야 합니다.

새로운 의식은 / 새로운 언어에서 만들어집니다.

감사의 언어를 / 활용하면/ 엉킨 것이 풀어지고/ 막힌 것이 뚫어지고/ 닫힌 것이 열려집니다.

감사의 언어는/ 작은 생각을 큰 생각으로 만들어/ 사상을 확립시키고/ 자아를 정립시킵니다.

감사의 언어는 미숙한 인격을 성숙한 인격으로 만들어 환경을 역전 시키고 상황을 반전시킵니다.

감사는 감성을 살려 인간성을 발휘케 하는 키워드입니다.

인간관계를 성공시키는 언어도 감사입니다.

무엇을 갖고 있느냐는 것 보다 더 중요한 것은/ 얼 만큼 감사하며/ 사느냐 하는 것입니다.// 내가 세상에 존재한다는 것만으로도/ 감사할 충분한 조건이 됩니다.//

겸손하게 감사하며 사는 삶이란 문제에 연연하지 않고 초월하며 사는 삶입니다.

끝까지 경청해 주셔서 감사합니다.

31

웰빙 인생

여러분 안녕하십니까? (   ) ○ ○ ○ 입니다.

인간은 누구나 잘 먹고 잘 살고 싶은 본능적 욕망이 있습니다.

그러나 무엇보다 더 중요한 것은 잘 사는 것입니다.

잘 사는 삶이란 자족하고 만족하며 행복감을 느끼며 사는 삶입니다.

말하자면 잘 먹기만 하는 것이 아니고 잘 사는 것이 웰빙입니다.

웰빙 인생을 살려면 먼저 정신이 강해야 하고 마음이 유해야 하고 행동이 선해야 합니다.

강한 정신 유한 마음 선한 행동을 만들어 주는 인자가 인성에 가득 찰 대 웰빙인생을 살게 되는 것입니다.

웰빙인생을 사는 방법으로는 여섯개의 쌍기역인 깡. /꾀. /끼. /꼴 /끈./ 꿈을 발휘하는 것 입니다.

첫번째, 깡/ 자신감(confdence)입니다./

문제에 두려워하지 않고 당당하게 부딪치려는 용기가/ 있어야 합니다.

두 번째, 꾀/지혜(intelligence)입니다./

세상에서 가장 지혜로운 사람은 모든 사람에게 배우려는 사람입니다.

세 번째, 끼/재주(ability)입니다./ 신은 모든 사람에게 능력을 주었습니다.

자신이 잘하는 그 무언가를 찾아내여 꾸준히 개발하면 잠재력이 발휘됩니다.

네 번째, 꼴/모양(appearance)입니다. /

결점을 다듬고 단점을 고치어 새로운 모습의 좋은 이미지로 만들어야 합니다.

다섯 번째, 끈/관계(relation)입니다. /
긍정적인 사고를 가진 사람. 사람을 사랑할 줄 아는 사람, 쉽게 용서할 줄 아는 사람 미소 짓는 사람과 관계를 가져야 합니다.

여섯 번째, 꿈/비전(vision)입니다./
절망에 좌절하지 말고 실패에 도전하며 고난 중에 감사하면 꿈이 이루어집니다.

유기농을 먹고 요가를 하고 산책을 하기 보다는 지금까지의 살아온 것이 은혜로다 생각하고 행복한 말을 나누며 사는 것이 잘사는 삶이며 웰빙인생 입니다.
우리 모두 깡. 꾀. 끼. 꼴. 끈. 꿈을 개발하여 웰빙인생을 살아갑시다.

지금까지 경청해 주신 여러분께 감사드립니다.

32

행사스피치 예문

향우회장 인사말씀 1

멀리 고향에서 오신 ○○ 면장님, 그리고 ○○ 님, 그 외 많은 고향 유지 여러분, 또한 인근에서 오신 내빈 여러분

공사 간 다망하심에도 불구하고 이렇게 참석하여 주신데 대하여 감사의 말씀을 드립니다.

그리고 본 향우회의 발족 과정에서부터 물심양면으로 많은 협조를 해 오신 고문 · 자문위원 여러분께도 감사의 말씀을 드립니다,

그 동안 일 년여 기간에 이와 같이 활성화된 향우회로 발전되도록 애써 주신 ○○ 회장님과 회장단, 임원 여러분의 공로와 노고에 대해서도 전(全) 향우회 회원들을 대신해서 감사드리는 바입니다.

우리 ○○군향우회는 발족 ○○년이 되었습니다만, 마지막 〈막내〉 면민회로 발족한 우리 향우회가 어느 면민회보다 많은 발전을 이루었습니다.

이러한 우리 ○○면 향우회에 대하여 신임 회장으로서 한편으로는 영광스러우면서도 한편으로는 막중한 책임감이 앞서는 것이 지금 저의 심정입니다.

인격과 덕망을 겸비하신 많은 선배님과 동료 분들 중에서 회장직을 맡으셔서 더욱 빛나는 면민회로 발전시켜 주셔야 함에도 본인에게 이와 같은 중책을 맡기신 것은, 부지런히 뛰어 많은 회원들과 대화하고, 내실 있는 향우회로 이끌어 가라는 당부로 알고 열심히 있는 역량 껏 일해 보겠습니다.

전임 ○회장님께서는 지난 ○월 ○○일자로 ○대 ○○군 향우회장으로 추대되셨습니다. 이는 우리 00면 향우회의 말할 수 없는 큰 영광이라고 생각합니다.

본 향우회를 더욱 발전시키기 위해서는 선배 여러분들의 아낌없는 지도 편달과 적극적인 협력이 필요합니다. 또한 슬프거나 즐거운 일이 있을 때, 서로서로 연락하여 같이 울고 같이 즐거워하는 순수 고향 친지들의 모임이 되도록 미력하나마 최선을 다할까 합니다.

거듭 말씀 드립니다만, 여러분들의 향우회에 대한 관심과 협조가 항상 있어 주심으로써만이 제가 이 임무를 충실히 수행할 수 있다는 간곡한 당부의 말씀으로 저의 인사를 대신할까 합니다.

감사합니다.

향우회장 인사말씀 2

여러분 안녕하셨습니까?

만물이 생동하는 5월, 어린이날을 맞이하여 향후회를 갖게 되어 대단히 기쁘고, 또 여러분을 한 자리에 뵙게 되어 대단히 반갑습니다.

오늘도, 멀리 고향에서 ○○○ 면장님께서 천리 길 멀다 않고 향우 여러분을 위해서 와 주셨습니다.

불철주야, 면민을 위하고 지역사회 발전을 위해서 고향을 지키며 일해 주시는 면장님의 노고에 진심으로 감사를 드리면서 공사다망하신 중에도 참석해 주신 면장님께 감사의 박수를 부탁드립니다.

그리고 지방자치 시대를 맞이하여 ○○면 지역 발전과 ○○군의 살림을 알뜰하게 꾸려 나가실 ○○○ 의원님과 농촌 근대화와 농가 경제에 윤활유 역할을 해 주시고, 향토 발전을 위해 많은 공헌을 해 주시는 ○○단위농협 ○○○ 조합장님, ○○군 향우의 결속과 지역 발전에 많은 기여를 해 주시는 ○○○ 명예회장님, 바쁘신 중에도 귀중한 시간을 할애해 주시고 격려해 주신데 대하여 뜨거운 감사를 드립니다.

다함께 감사의 박수를 보내 주시기 바랍니다.

또한, 본 향우회의 발족 과정에서부터 물심양면으로 협조를 아끼지 않으신 고문, 자문위원, 이사님 여러분께도 모든 향우를 대신해서 감사의 말씀을 드립니다.

오늘은 특별히 어린이날이어서 향우 여러분은 물론 2세 어린이들까지 참가하여 향토애를 보여 주시고, 애향심을 고취하는 뜻 깊은 행사가 아닌가 생각합니다.

물론, 우리 ○○면 향우회는 다른 어느 고장의 향우회보다 뜨겁게 결속되어 애향심을 발휘하고 있습니다만, 자라는 2세들에게 부모의 고향을 알려 주는 좋은 기회가 되는 것 같아서 마음 든든합니다.

제 자신 미약하나마 까마귀도 고향 까마귀는 반갑다고 객지에서 고생하시는 향우 여러분을 뵙고 싶고, 향우 여러분과 서로 간 즐거움도 나누고, 괴로움도 덜면서 생활하고 싶은 욕심으로 2년간 향우회장을 맡아 왔습니다.

그러나 욕심과는 달리 많은 기여를 하지 못한데 대해서는 여러분께서 너그럽게 양해해 주시기 바랍니다.

이제 제 임기를 마치면서 무사히 책임을 수행할 수 있도록 해 주신 여러분께 감사를 드리고 앞으로도 성심성의껏 향우회에 협력할 것을 다짐하겠습니다.

나날이 발전해 가는 모습에 신임회장을 중심으로 더욱 큰 발전 있기를 기대하면서 오늘의 행사도 뜻 있고 보람 있는 행사가 되기를 바랍니다.

끝으로, 그 동안 노고를 아끼지 않으신 회장단의 공로에 대해서 이 자리를 통해서 진심으로 감사를 드리며, 음식 준비에 수고가 많으신 부녀회원님들께도 감사를 드립니다.

모처럼 고향이야기 많이 나누시고, 고향의 발전을 위한 건설적인 의견도 주고받으면서 오늘 하루 유쾌하게 보내시기 바랍니다. 감사합니다.

중학교 운영위원장 인사말씀

해가 지면 달이 뜨고, 달이 지면 해가 떠오르듯이 한 해가 마감을 하면 또 다른 한 해가 문을 열고, 선배가 졸업을 하면 후배가 입학을 하는 순리(順理)와 규범(規範), 이것이 바로, 자연의 순리요, 인간 사회의 규범이 아닌가 합니다.

이제, 우리 ○○중학교도 ○년의 역사를 갖게 되었으며, 그 동안 훌륭한 선배들이 많이 배출되었습니다. 그리고 우리 재학생 청소년들도 풍부한 지식을 갖추기 위해서 열심히 공부를 하고 있습니다.

이것 또한, 자연의 순리와 인간 사회의 규범 속에 살아가는 우리 인생사의 한 과정이라고 할 수 있겠습니다.

우리가 이 세상에 태어난 것은, 내 자신의 뜻에 따른 행위가 아니지만, 우리가 살아가는 것은 전적(全的)으로 우리 스스로의 뜻에 따라서 살아가는 것입니다.

사육(飼育)되어지는 삶과 스스로 사는 삶, 이것이 짐승과 인간사의 차이가 아닐까요? 다시 말하면, 짐승들은 사람에 의하여 사육되어 지지만, 우리 인간은 자신의 철학에 따라, 자신의 목적을 향하여, 자신의 뜻으로 살아가기 때문입니다.

학교에서 지식을 습득하는 것도 마찬가지입니다. 타인의 조종에 따라서 움직이는 삶이 아니라, 나 스스로 목표를 정해 놓고, 뜻 있고 보람 있게 살아가기 위한 힘을 축적하는 것이지요.

어떻게 사는 것이 뜻 있고 보람 있게 사는 삶일까요? 여러 가지 방법이 있겠지만, 중요한 것은 꿈을 가지고 살아가는데 있습니다. 특히, 자라는 청소년에게는 꿈이 있어야만 합니다.

사방이 탁 트인 조용한 해변에 모여 사는 도요새는 가장 높이 나는 새라고 합니다. 도요새는 높이 날을 수 있는 꿈을 가지고 힘을 길러 왔기 때문에 창공을 높이 날아서 지상의 많은 것들을 볼 수가 있는 것입니다. 우리 청소년들도 원대한 꿈을 가지고, 지식을 쌓아야만 합니다.

그래야만, 많은 원리와 법칙도 발견할 수 있고, 세상의 많은 것을 차지할 수가 있는 것입니다.

그리고 청소년은 현실에 적응하는 능력도 길러야 합니다. 개구리는 아무 때나 뛰어 다니지 않습니다. 눈보라 치는 추운 겨울철에는 포근한 땅 속에서 겨울잠을 자다가 우수나 경칩이 지나면 땅을 열고 나옵니다.

비록, 개구리는 날개가 없지만, 움 추렸던 다리를 펴고 뛰면 날 파리도 잡는 것을 볼 수 있습니다.

우리 청소년 학생도 마찬가지입니다. 아직은 거친 세파에 적응할 힘이 없기 때문에 부모와 사회의 보호를 받으며 실력을 쌓고 있지만, 언젠가는 지식과 능력을 발휘하여 인류사회에 공헌을 해야 합니다.

공부하는 일에 짜증스러움이나 권태감이 있어서는 안 됩니다. 학창 시절의 학업은 먼 훗날을 위한 준비 과정이며, 우리는 그 과정을 기꺼이 겪지 않으면 안 됩니다.

사랑 받을 때 사랑 받고, 공부할 때 공부하며, 일할 때 일하는 인생 그리고 놀 때는 놀 수 있는 인생이 되어야 합니다.

식물인 꽃도 아무 때나 필 수 없습니다. 제 철에 피었다가 아름다운 자태를 뽐내는 꽃을 보면, 공부는 학창 시절에 열심히 해야 한다는 것을 알 수가 있습니다.

그리고 청소년도 사회의 구성원으로서 맡은 바, 직분인 학업에 열중해야 합니다. 현대사회는 각양각색의 사람들로 구성되어 있으며, 저마다 개성과 특성을 가지고 있지만, 세상이 아름다운 것은 서로가 조화있게 움직이기 때문입니다. 하늘의 수많은 별들이 서로 부딪치지 않고 아름답게 반짝이는 것도 조화있는 우주의 순리입니다. 오케스트라 연주를 들으면 감미로운 것도 악기마다 최선을 다하여 조화있게 소리를 내기 때문입니다. 그러므로 학생은 학생의 본분을 다하는 것, 이것이 아름다운 세상을 만드는 학생의 역할이라고 할 수 있습니다. 이처럼, 청소년 학생으로서의 꿈을 가지고 직분에 충실하며 사는 것, 이것이 참되게 사는 길이 아닌가 싶습니다.

배부른 돼지보다 굶주린 소크라테스가 낫다는 말이 있지요?

사람에 의해 사육되어진 돼지와 자신의 철학을 가지고 인생을 살았던 소크라테스를 비교하여 한 말이겠지요.

분명, 우리는 인생의 목표를 정하여 꿈을 가지고 살아가야 합니다. 공부할 때 공부하고, 일할 능력이 있을 때 일하는 인생, 봄 · 여름 · 가을 · 겨울 1년 4계절이 철 따라 바뀌어 가듯이 우리 인생도 유년기를 지나 청년, 장년, 노년기로 바뀌어 가지 않습니까?

그러나 그 때 마다 꿈을 잃지 않고 최선을 다하는 사람이 참되게 사는 사람이 아닐까요?

감사합니다.

스승의 날 학교 운영위원장 인사말씀

교장 선생님을 비롯하여 여러 선생님의 노고와 은혜에 대하여 진심으로 감사를 드립니다. 감사드린다는 말 한마디로 보답이 되겠습니까만, 오늘은 뜻 깊은 스승의 날 이기에 학교 운영위원회 위원 모두는 물론 학부모 전원의 정성을 모아서 진심으로 감사를 드리는 것입니다.

선생님 여러분! 우리 학부모 모두는 선생님의 은혜를 잘 알고 있습니다. 내 자식을 기르는 것도 내 마음대로 되지 않고 뜻대로 따라 주지 않아서 괴로움이 많은데 남의 자식들을 맡아서 가르치는 선생님들의 심정이야 오죽하겠으며, 그 노고와 은혜를 어찌 말로 다 하겠습니까?

뿐만 아니라, 개성이 다르고 생각이 다른 많은 학생들을 지도하시는 데에는 육체적인 고통보다 정신적인 괴로움이 더 많으신 줄 압니다.

그러나 선생님들께서는 자부심과 긍지를 가지고 교직에 봉직하시면서, 제자들이 한 가지씩 깨닫고 조금씩이나마 자라며 발전하는 과정을 보시며 보람을 찾으셨으리라 믿습니다.

스승의 은혜는 끝이 없고 만인의 존경을 받아 마땅합니다.

그럼에도 불구하고 때때로 사회적으로 오해를 받을 때가 있습니다.

그러나 교육은 우리 인간에게 단순한 지식의 전달과 습득으로 끝나는 것이 아니며, 인격을 형성시켜 주고, 사회와 국가 발전에 있어서도 가장 중요한 몫을 담당하는 것입니다.

그러기 때문에 스승은 당연히 만인의 존경을 받아 마땅하며 그러한 뜻에서 스승의 날이 제정된 것이 아니겠습니까?

오늘, 선생님 여러분을 잘 모시기 위해서 궁리는 많이 했습니다만, 준비가 조촐하여 불편하시지 않을까 염려됩니다.

아무튼, 자리가 불편하고 음식이 만족스럽지 못하더라도 저희 학교 운영위원회 위원들의 정성으로 마련한 자리이니, 부디 저희들의 정성을 받아 주시고, 즐거운 시간이 되시기 바랍니다.

아울러 여러분의 가정에 행운이 깃들기를 빌면서 인사를 마치겠습니다.

감사합니다.

초등학교 동창회장 이임사

오늘, 또 다시 1년만에 동창생 여러분을 이렇게 많이 만나게 되어 대단히 반갑습니다.

흔히 하는 말로 '국적은 바꿀 수 있어도 학적은 바꿀 수 없다' 는 말이 있습니다.

그 동안에도 동창의 정분을 잊지 않고, 또 모교에 대한 향수도 잃지 않고, 저마다 생활에 충실해 주신 여러분께 동창의 한 사람으로써 감사를 드립니다.

역시, 우리 동창 모두는 소백산맥 자개봉 자락에 자리 잡은 옥대 초등학교 출신으로서의 자부심과 긍지를 가지고 각 분야에서 최선의 노력을 다하고 계시는 줄 알고 있습니다.

특히, 고향을 지키면서 모교 발전에 많은 기여를 해 주시는 동창들이 계시고, 각계 각처에서 모교의 명예를 떨쳐 주시는 분들이 많기 때문에 저도 마음이 든든합니다.

그 동안 우리는 동창의 정으로 서로 협력하고 의지하면서 활동을 해 왔습니다만, 앞으로도 더욱 더 긴밀한 유대를 맺고, 서로의 발전을 위해 협력해 나가야겠습니다.

뿐만 아니라, 우리는 서로가 끌어 주고 밀어 주는 선후배가 될 수 있도록 해야 되겠으며, 동창간의 유대를 더욱 더 강화해 나가야 하겠습니다.

저는 지난 1년간 4대 동창회장을 맡아서 활동해 왔습니다만, 과연 제 자신이 동창회와 모교의 발전에 얼마나 기여해 왔는지를 생각해 볼 때 송구스러울 따름입니다.

이제, 5대 동창회장으로 선임되신 000 동문께서는 훌륭한 인품을 지니고 계실 뿐만 아니라 활동력이 뛰어나기 때문에 동창회를 잘 이끌어 주실 것으로 믿습니다.

그러나 어느 단체이건 간에 한두 사람의 힘만으로는 발전을 이루기는 어렵습니다.

동창 모두가 학창시절의 마음으로 돌아가 선후배를 위해주고 사랑하는 마음을 되살려야 하겠습니다. 그리고 합심 협력해서 모교의 발전에도 도움이 될 수 있도록 해야 되겠습니다. 그러기 위해서 우선 오늘도 모처럼의 만남이니 만큼 우리 모두 가슴을 터놓고 오늘 하루를 뜻 있게 꾸며 봅시다.

건전한 의견을 주고받으면서 학창 시절의 이야기도 나누고, 인생살이도 이야기하면서 보람 있는 날이 되도록 합시다. 오늘, 처음부터 끝나는 순간까지 서로 위해 주는 정신으로 하루 일정을 알차게 마칠 수 있도록 협력해 주시기 바랍니다. 사정상 오늘 동창회에 참석하지 못한 동문들에게 차후에는 보다 많이 참석할 수 있도록 해 주실 것을 당부 드립니다.

끝으로 동문 여러분의 건승을 기원하면서 각 가정마다 행운이 함께 하기를 바랍니다.

감사합니다.

친목단체 야유회 인사말씀

안녕하십니까? ㅇㅇㅇ입니다.

아침식사는 하셨습니까? 설거지는 제대로 하고 오셨는지 모르겠습니다.

식사 한 끼니 건너 뛰고, 설거지 한 번 정도 뒤로 미루어도 괜찮습니다.
오늘 행사가 더 중요하니까요.

오늘 모처럼 가사와 직장 일을 뒤로 미루고 산행을 하게 되었는데 즐거운 하루가 되시기를 바랍니다. 더불어서, 그 동안에 쌓였던 스트레스도 말끔하게 씻어 버리고, 걱정이나 근심이 있거든 전부 잊어버리고 오시기 바랍니다.

그리고 새로운 마음으로 활기차게 일할 수 있도록 힘을 재충전하여 여러분 모두의 하시는 일이 만사형통하시기를 바랍니다.

오늘, 하고 싶은 말은 많습니다만, 이심전심으로 다 통할 테니까 긴 말씀 드리지 않겠습니다. 아무쪼록, 오늘 출발하는 시간부터 끝나는 시간까지 즐겁고 보람 있는 하루가 되시기를 바라면서 제 인사를 마칩니다.

친목단체 야유회 차내 인사말씀

안녕하십니까? 방금 소개받은 ○○○입니다.

자주 찾아뵙지 못하고 이렇게 한꺼번에 뵙게 되어서 대단히 죄송스럽습니다.

안녕하십니까? ○○○입니다. 자주 뵙게 되어서 정말 반갑습니다.

날씨 화창한 좋은 날을 택해서 야외로 나가시는 여러분이 부럽습니다.

아무쪼록, 오늘 하루 즐겁고 보람된 날이 되기를 바랍니다.

오늘의 야유회를 통해서 맑은 공기도 마시고 또, 적당한 운동을 통해서 건강에도 많은 도움이 될 것으로 믿습니다.

오늘 하루는 모든 번거로움을 다 잊어버리고, 내일을 위해서 힘을 많이 쌓아 가지고 오시기 바랍니다.

잘 다녀오십시오. 다음에 또 뵙겠습니다.

감사합니다.

산악회 송년회 인사말씀

안녕하십니까? 반갑습니다. ○○○입니다.

오늘, ○○산악회 송년잔치에 이처럼 많이 참석해 주신 회원님 여러분께 먼저 감사를 드립니다.

그리고 축하와 더불어 격려를 해 주시는 내빈 여러분께도 진심으로 감사 드립니다.

더불어서 그 동안 ○○산악회를 이끌어 오신 ○○○ 회장님, ○○○ 운영위원장님, 또 각 동 책임자 여러분의 노고에 대해서도 뜨거운 감사를 드립니다.

아시는 바와 같이, ○○산악회의 역사는 불과 3년 밖에 되지 않습니다.

그러나 짧은 3년 동안에 괄목할만한 성장을 거듭하였습니다.

회원수의 많고 적음을 떠나 주기적인 산행과 모임을 통해서 회원 개개인의 건강증진은 물론, 상호간의 친목도모와 더불어 끈끈한 결속력을 갖추게 되었습니다.

오늘의 송년회도 우리 산악회의 지난 1년간을 되돌아보고, 우리의 결속력을 바탕으로 희망찬 새해를 열어 가자는 의미를 가지고 있습니다.

아무쪼록 ○○산악회의 회원 모두가 더욱 더 합심 단결하여 개인의 발전과 더불어 앞으로 지역사회에도 크게 기여하는 명실상부한 모임체가 될 수 있기를 바랍니다.

저도 미력하나마 산악회에 몸 담고 있는 사람으로서 회원 여러분과 뜻을 함께 하면서 최선의 노력을 다하겠습니다.

회원 여러분 모두 건강하시고, 새해에는 소망하시는 모든 일들이 성취되시기를 바라면서 인사에 대하겠습니다.

여러분! 감사합니다.

■ 참고문헌 ■

- 임인고(1995), 등불 Ⅰ.Ⅱ, 서울 : 창조문화사.
- 임태섭(1996), 스피치커뮤니케이션, 도서출판 : 연암사
- (1998), 연단의 불꽃, 서울 : 창조문화사.
- 임태백(2003), 포효처럼 물결처럼, 서울 : 창조문화사.
- 전용복(2006), 스피치의 메아리, 서울 : 을지문화사.
- (2007), 웅변 음성학, 도서출판 : 웅변사.
- 김양호(2010), 스피치대백과사전, 서울 : 교육서관.
- 이누리(2010), 선거연설기법, 도서출판 : 웅변사.
- 최신재(2014). 정치연설 및 선거전략 서울 : 한컴기획출판사.
- 전용복(2019), 스피치교육론 서울 : 조은출판사

■ 사이트 ■

- surnchong.blog.me
- blog.naver.com/okh0725
- blog.naver.com/agentlkb
- https://www.daum.net/
- https://www.google.co.kr/
- https://www.naver.com/

프로필

전 용 복 교수

- University of Southern California Christianity (교육학박사)
- Jilin University (경제 학 박사)
- 연변대학교 객원교수(화술학)
- 한성디지털대학교 평생교육학과 외래 교수
- 영남외국어대학 외래교수
- 강남대학교 교육대학원 외래교수
- 국제문화대학원대학교 겸임교수
- 동방대학원대학교 외래교수
- 총신대학교 사회교육원 교수
- 한국재능스피치협회 중앙회장

- 한국문해교육협회이사
- 한국평생교육사협회 중앙이사
- 경기헤럴드 논설위원
- 한국청소년지도학회 사무총장
- 한국JCI연수원 교재개발위원회 위원
- 한국청소년상담원 자문위원
- 경기교육신문 논설위원(전)
- 대한청소년문화체육진흥원 연수원장
- 도은 일자리포럼 회장
- 한국치매예방교육학회 회장
- 온석대학원대학교 교육학과 교수

주요논문

- 발표력을 통한 교육의 효과 분석
- 평생교육의 의사소통과 이해
- 한국과 일본의 사회복지제도에 대한 비교 고찰
- Communication의 문제점 분석 및 개선방안 연구
- 청소년보호를 위한 복지 환경 통계분석 연구
- CEO 리더십과 기업의 성장 연구
- 리더십을 통한 기업의 성공 사례

표창

- UN-NGO 세계평화교육자상
- 국제라이온스 무궁화사자 대상 금장
- 미국 부시대통령 감사장(34회 한인의 날 기념)
- '2008 국제학술대회' 봉사상 수상
- '2009 인물대상 교육공로부문 대상
- '2015 대한민국 지역사회 공헌 대상
- '2016 경기도지사문화예술표창

저서

- 웅변의 길라잡이
- 스피치의 메아리
- 스피치 음성학
- 영재교육과 평생교육
- 인간자원개발론
- 청소년문제와 보호
- 스피치교육론
- 평생교육실습교육론

스피치 교육방법론

인쇄일 | 2021년 12월 20일
발행일 | 2021년 12월 20일

지은이 | 전 용 복
펴낸곳 | 도서출판 조은
발행인 | 김화인
편집인 | 김진순
주소 | 서울시 중구 을지로20길 12 대성빌딩 405호
전화 | (02)2273-2408
팩스 | (02)2272-1391
저자연락처 | 010-3781-6168
홈페이지 | http://www.sijomunhak.kr/
출판등록 | 1995년 7월 5일 신고번호 제1995-000098호
ISBN | 979-11-91735-20-8
정가 | 20,000원